ちくま文庫

座右の古典

今すぐ使える50冊

鎌田浩毅

筑摩書房

まえがき

めまぐるしく変転する現代社会を生き抜くには、時代を越えて変わらぬものに着目するのがよい。変化だけに目を向けていては、翻弄《ほんろう》されるばかりだからである。古典は、長いときを経て篩《ふるい》にかけられた書物である。こうした古典から人間と社会と学問に関する変わらぬ真理を吸収するのが、本当は最も早道なのである。

古典の読書には四つのメリットがある。(1)未来に対するビジョンが得られる。(2)現代を読み解くキーワードが得られる。(3)本質をつかむ訓練ができ、どうでも良いことに振り回されなくなる。(4)過去の偉人の生きざまを追体験できる。

加えて、コミュニケーションに必要なツールも、古典は与えてくれる。他者を理解するには、自分とは異なるフレームワーク（考え方、価値観）がわからなければならない。こういうときに、古典は、時代を超え、地域を越え、自分と異なるフレームワークの存在を教えてくれる。すなわち、古典の読書を通じて、古今東西に見られる数多くのフレームワークを知っておけば、世界の理解がより容易になるのだ。

また、一冊の古典を読むと、著者が一生かけて試行錯誤の果てに得た知恵と処世術も得られる。つまり、50冊読んだら50人分の人生を我が身の参考にできるのだ。言ってみれば、人生の選択肢が増えるのである。

本書に選んだ50冊は、時間をかけて読む価値が十分にある、と私が判断したものばかりである。私は地球科学の専門家として世界標準の仕事を目指してきたつもりだが、研究において人生において、この50冊からさまざまな恩恵を受けてきた。

よって本書の解説は、火山学者として自然を見つめてきた私の個人史を色濃く反映している。この点で、類書と異なるユニークな読み方をしているのではないかと思う。

科学はインターナショナルに共有する知的財産だが、古典もまた然《しか》り。せっかく先人たちが苦労して残してくれたものなのだから、ありがたく頂戴しない手はない。

と言って、古典は崇《あが》め奉って、感心ばかりして敬して遠ざけるものではない。古典が教えてくれたことは、さっそく日常生活で試してみると良い。こうして「古典を使う」ことによって、自分の好みと生き方がはっきりしてくるだろう。

つまり、自分の好きなように古典を読んだり使ってみても、まったく構わないのだ（くわしくは巻末の「自著解説」を参考にしていただきたい）。その結果として世界の大古典の敷居が「低く」なることを、科学者の私は切に希望している。

解説の冒頭には**「名文ピックアップ」**として、古典の本文からエッセンスを示す短いフレーズを掲げてみた。読んでみると、古典は意外と親しみやすいことに驚かれるのではないだろうか。

次の**「どんな本か？」**では古典の概要とともに、刊行された時代の人々へどのような影響を与えたか、また現代までいかに読み継がれているかをわかりやすく解説した。

さらに、解説の最後に、**「3行で要約！」**として、現代人にとって重要となる学びのポイントを三つ挙げた。現代を生き抜くために活用できる身近な教訓を、箇条書きにしてみたのである。これらは私の心の琴線に触れた内容であり、心血を注いで抽出した要点でもある。忙しい方はここだけでも目を通していただければ幸いである。

最後に**「出典・ブックガイド」**として紹介した古典の書誌情報、そして別訳や参考となる関連書籍を何冊か挙げた。また、巻末には詳しい索引を用意してある。ここでは書名や人名も含めて、色々な引き方ができるように工夫しておいた。古典をより深く理解するために、これらを活用していただきたい。

古典とは賢者が残した言葉の集積である。混沌として先の見えにくい現代を力強く生き抜くためにも、賢人たちのこうした言葉をぜひゆっくりと味わっていただきたい。

座右の古典——今すぐ使える50冊【目次】

第5章 人間関係のキモ

第6章 情熱・ときめき・モチベーション

第7章 リーダーの条件

第8章 読書が変える人生

座右の古典——今すぐ使える50冊

章扉デザイン　神田昇和

第1章

私たちはどう生きるか

孔子『論語』

名文ピックアップ

夫子《ふうし》の道は忠恕《ちゆうじよ》のみ

どんな本か?

紀元前500年頃に中国で学者集団を率いていた孔子と彼の弟子たちの言行録。中国の思想の根幹を作った四書五経のうち、四書の筆頭である。さらに、中国史上で最大の思想書、儒教の経典でもあり、漢の時代に集大成された。リーダーの孔子は道徳を基にした理想的な国家の樹立を考え、多くの為政者に自らの考えを説いて回った。その際に話題となった政治・学問・教育・人間関係・祭事などに関する孔子の見識と生き方が生き生きと語られており、現代まで人生のバイブルとして読み継がれている。

「人に知られたい」ために学ぶのか？

論語の読み方は星の数ほどあろう。珠玉の言葉を我が人生に照らして背筋を伸ばしたり、また癒《い》やされたり、さまざまな知恵を与えてくれるのが論語である。四書五経を輸入した日本の学問は、この論語を軸に展開されたとも言えよう。

私にとって論語とは、火山学者としての考え方を築き、ライフワークの方向性を与えてくれた本である。30歳代の初め、地質学の国立研究所（当時の通産省地質調査所）に在職していた私は、米国へ2年間留学するチャンスを得た。渡米直前、たまたま上司の部長から論語について聞く機会があった。日本語の本は1冊だけ持って行こうといろいろと考えた揚げ句、私は論語を選ぶことにした。

論語の一節（憲問編二五）にこうある。「むかしの学んだ人は自分の（修養の）ためにした。このごろの学ぶ人は人に知られたいためにする」（287頁。以下でも各節末尾の「出典・ブックガイド」の冒頭に「出典」として示した古典本の頁を示す）。

米国でここを繙《ひもと》いたとき、私はひどく驚いた。パブリッシュ・オア・ペリッシュ（論文を書くか、さもなくば職を失うか）というフレーズが、頭をよぎる。学問を進める原動力は、生活や地位のため。そうした現代の科学者に蔓延《まんえん》している業績主義に対する批判が、何と2500年もの大昔に書かれているではないか。

当代きっての知恵者を率いていた孔子は、学者の状況を鋭く告発した。一方で、私の周囲には、世界中で最も有能で精力的な火山学者が集まっている。目の前の研究競争を止めるわけにはいかない。こんな中、米国西部にあるセントヘレンズ火山の麓《ふもと》で、夜更《よふ》けにひとり論語を読む生活が続いていた。

核となる「忠」と「恕」とはなにか

しばらくして私は「夫子《ふうし》の道は忠恕《ちゅうじょ》のみ」（里仁編一五）（77頁）という一句に出合った。孔子の思想を貫く道とは、内なるまごころに背かぬこと（忠）と、まごころによる他人への思いやり（恕）であるという。

忠という漢字を見ると、物事の真ん中を心が貫いている。正しいか正しくないかを周囲の価値や利害に引きずられずに、自分の頭で考え自分で決めていく。知的正直（インテレクチュアル・オネスティ）と言ってもよいだろう。科学研究の最も基本にある考え方である。

恕のほうは、他人との関係を指している。思いやりはすべての人間関係の根底にあり、他者に対する貢献へとつながる。論語に述べられている思想は、この忠恕の二つの文字に集約されると理解した。

それ以来、私はずっとこの「忠恕」について思いを巡《めぐ》らせてきた。忠は火山学者としての仕事の拠り所である。多様な現象から本質をつかみ、世界初の新知見を生産する。必然的に競争関係に置かれ、アグレッシブな生き方となろう。事実、私の30歳代は研究を効率的に進めることに没頭し、海外の研究者としのぎを削っていた。

私は孔子の説く忠に従って行動しつつも、頭の片隅で恕が気になっていた。研究者も人間関係をうまくしなければ、決してよい仕事はできない。本当は、恕は忠と同じくらい大切なのである。忠恕の二つさえ押さえていれば、科学者としての成功が導かれるのではないか、と私は考えた。

生き馬の目を抜くような研究現場の日常と、論語という小さな書物が説く思いやりあふれる豊かな世界。効果的な戦略ばかり考えている私に、孔子は穏やかに恕という文字をささやき続けていたのである。

科学者の私が他者に貢献するには、どうすればよいだろうか。これについてずっと考えていた私は、後述するように40歳代になり若い学生たちへ講義するようになって「科学の伝道師」としての位置づけを見いだした。アウトリーチ（啓発・教育活動）に没頭しはじめたのである。長い間熟成していた恕の精神が、やっと開花したのだ。

年代別の指針はこう読む

私は論語から人生に必要な多くの知恵を学んできたが、中でも年代別の指針は、驚くほど自分の人生と重なっていた。為政編四には「三十にして立つ。四十にして惑《まど》わず。五十にして天命を知る」（35頁）とある。

私は30歳代初めに、研究所に勤務しながら博士号を取得し、直ちに留学して世界標準の世界へ飛び込んだ。まさに「三十にして」火山の専門家として独り立ちしたのである。ここから海外の研究者との熾烈《しれつ》な研究競争が始まった。

40歳代を迎えて国立研究所から京都大学へ移籍した。学生に講義をする面白さに初めて出合い、いつしか熱中するようになった。執筆するものも、横書きの学術論文から、一般市民向けの縦書きの新書本へと変化していった。

新書ならば敷居を「低く」して誰にでも簡単に科学を知ってもらえる。私はわかりやすい科学の入門書を刊行するため全精力を投入した。私に惑《まど》いはなかった。研究者から教育者へと、私は人生の舵《かじ》を大きく切ったのである。

その後、私の理念はアウトリーチからノーブレス・オブリージュ（高い地位に伴う道徳的義務）へと広がっていった。周囲には優秀な学生たちがいる。しかし、彼らはかつての私がそうであったように、勉強だけしかしてこなかった。学問の継承者として忠の魂を受け継いでもらうのと同時に、ノーブレス・オブリージュに基づく恕の精神も伝えなければならない。50歳を迎えて私の「天命」が定まったのである。

良書は一度読めば終わるというものではない。自分の人生とともにつねに座右にあり、経験と知恵の深さに応じて感銘を受け続けるものである。古典とはこのように自分の成長とともに読めばよい。

私の研究室には文庫本の論語が何冊もある。三十数年前に教養あふれる上司が教えてくれたように、私は人生の岐路に立つ若者に論語をプレゼントしてきた。論語のポイントを私なりに一言で表せば、「自分の考えに背かず、他人への思いやりを持つ」となる。論語は一人でも多くの人に出合ってほしい究極の古典なのである。

3行で要約！

・何のために「学ぶ」のか、それは「自分を修養」するためである
・自分の心に従う「忠」、他人への思いやりである「恕」が大切
・三十代で「立つ」、四十代で「不惑」、五十代で「天命」を意識して仕事に取り組む

出典・ブックガイド

出典は『論語』（孔子著、金谷治訳注、岩波文庫／1010円*）。別訳として『論語』（加地伸行著、角川ソフィア文庫／720円）、『論語　増補版』（加地伸行著、講談社学術文庫／1530円）、『論語』（貝塚茂樹訳注、中公文庫／1048円）、『現代語訳　論語』（宮崎市定訳、岩波現代文庫／1300円）、『現代訳論語』（下村湖人訳、PHP研究所／品切れ重版未定）などがある。

*消費税別の本体価格を示す。以下でも表示する価格はすべて同様とする。

ヒルティ『幸福論』

名文ピックアップ

ひとを幸福にするのは仕事の種類ではなく、創造と成功とのよろこびである

どんな本か？

人はいかにしたら幸福になれるかについて、具体的で実効性のある助言を親身になって与えてくれる。仕事の充実こそが幸せの源泉であると説き、仕事術・時間管理術・人脈術など、現代に通ずるテクニックを平易に語る。さまざまな古典を引用し、人間らしい豊かで健康な生き方と、社会への貢献の仕方を具体的に指南する。自分に与えられた使命を見つめて真摯《しんし》に生きるための優れた人生案内の書でもある。教養のバイブルとして、学生やビジネスパーソンに戦前戦後を通じて長く読まれてきた。

仕事と人づき合いの極意

私は30歳代の初めに本書に出合った。気に入った箇所に線を引き、金言と思う部分を抜き取り一枚の紙にまとめた。その紙をつねに持ち歩き、事あるたびに読み返していたのだ。それほどまでに、私に多大な影響を与えたのが本書である。

題名は幸福論とあるが、深淵な哲学を説く難しい本ではない。法学者として大学の学長まで務めた著者が、仕事や人付き合いの中で役に立つ技術を懇切丁寧《ていねい》に語っている。

たとえば、「気分が乗らないから」などと理由をつけて動かないのでは、何も始まらない。「計画をもっと詰めてから」とぐずぐずしていては、時間ばかりが流れていく。だから著者は、何はともあれ開始せよと説く。言い訳ばかりしていないで、今すぐに可能なことを部分的でもよいから始めよ、と述べるのである。

確かに、気分が乗ってから始まる仕事などない。始めてしまえば頭は動き出し、考えはまとまってくる。この助言は、私にとって仕事をスタートする際の極意となった。たゆまず動き、少しずつでも進めていくと、いつしか仕事は完成が見えてくる。いかなる仕事でも、真剣に行えば興味が湧いてくるものだ。

そして著者は、こうした仕事を持っていないことこそが不幸である、と説く。「ひとを幸福にするのは仕事の種類ではなく、創造と成功とのよろこびである。この世の最大の不幸は、仕事を持たず、したがって一生の終わりにその成果を見ることのない生活である」(16頁)。

著者の幸福論の根本には、「仕事からしか幸福は得られない」という考えがある。いくらおカネに不自由しなくとも、遊びばかりの人生ではつまらない。享楽はいつか必ず飽きる。いちばんの幸福は、自分に与えられた仕事を一生懸命こなすことから得られるのである。

本書はどこを開いても、身近で具体的な知恵が詰まっている。「仕事をするコツ」「時間をつくる方法」「人間知について」「教養とは何か」などに関する著者の考え方が、深い学識に基づいて決然と述べられる。明晰《めいせき》で単純で卓越した思想のどれもが、若い私には必要な助言であった。

究極の時間術

多忙な著者は勤勉を最も大切にしたが、仕事を強化するあまり労働だけをすすめることはなかった。休暇を労働と同じく人生に不可欠なものと考え、とても尊重していたのである。よりよい仕事をするためには十分な休日が必要である、と彼は説く。すなわち、よい人生はオンとオフの上手なバランスからなるのだ。

幸福は肉体的健康とともに健全な精神から生まれる。これらを維持するには、週に1日、必ず休みをとる必要がある。キリスト教の信仰者でもある著者は、『旧約聖書』から引用する。「『あなたは六日のあいだ働かねばならない』(出エジプト記三五の二)。それより少なくても、多くても不可である」(17頁)。

また、毎日の習慣は幸福の実現に極めて重要である。よい習慣と悪い習慣があるのだが、怠惰や不摂生が日常的になっている人もいれば、勤勉や節約といったよい習慣を持つ人もいるだろう。いずれも長い期間に本人も気づかぬうちに身に付いたものである。

ここで思い切ってよい習慣に変えることに成功すると、以後は生産的で幸福な生活を送ることができるのだ。その際、失敗のない効果的なテクニックを教えてくれる。悪い習慣を捨てようと努力するのではなく、よい習慣によって悪い習慣を置き換えていけばよいのである。

このほうが消費するエネルギーが少なく、また気持ち的にもプラス思考でいられるので心理学的にも正しい方法である。誰にも1日の24時間は等しく存在する。よい習慣でこの24時間を埋め尽くせば、労せずに悪い習慣は押し出されていくのである。

人間は大事なことでも、ときが経つと容易に忘れてしまう。読書の中で出合った大切な金言さえ、時間とともに記憶の彼方へ消えていく。大切なことは繰り返し復誦《ふくしょう》する必要がある。よって、今でも私のさいふの中にはぼろぼろになった抜き書きした紙切れが入っている。

本書はこうした具体的な処方箋を親切に教えてくれる。ビジネス書の古典といって間違いなく、長いあいだ読み継がれてきた理由もここにある。

目の前の地位やカネにとらわれるな

人生の途上ではさまざまな経験をする。下積みが長く続くことも、また世の脚光を浴びることもあるだろう。ここで著者は、ロングレンジにわたる人生の過ごし方についても明確な指針を与える。

自分の持つ能力をもし世間が活用したいと申し出てきたら、誠心誠意これに応じて貢献すればよい。こういうときに遠慮や尻込みをしてはいけない。そして自分の仕事が完了したら、すぐさま退くのがよい、と述べる。全力で仕事をなし終えたと感じたら、それ以上の未練を持ってはならないのである。

権力や地位を追いかける生き方では、穏やかな心は決して得られない。世の中で脚光を浴びたいという欲求にはできる限り振り回されずにいたい。地位や名誉は、結果として社会から与えられるものであり、自分が求めるものではないのである。

そして著者は日常の生活上の心構えについても、的確な助言を与える。普段は家族と友人と書物に囲まれ、自分に与えられた仕事を悠々とこなせばよい。晴耕雨読という言葉があるが、まさに平日は勤勉に仕事をし、休日に読書や趣味にいそしむ姿である。

こうした人間は、しばしば「カントリージェントルマン」と呼ばれる。平時は田舎でコツコツと仕事をしているが、国家に急あらば馳《は》せ参じて社会のために能力を発揮する。そして使命が終われば、また田舎に戻って静かに暮らす本物の紳士のことだ。

こうした生き方をするのは、実は容易ではない。多くの人は目前の地位やおカネに釣られてしまう。そうならないためには、自分がなすべき仕事は何かを普段からきちんと把握していなければならない。これを考えるきっかけを、本書は私に与えてくれたのである。

3行で要約！
・言い訳ばかりしていないで、今できることから始めよ
・よい習慣を身に付け、悪い習慣を押し出せ
・権力や地位に惑わされず、誠心誠意自らの使命を果たす

出典・ブックガイド

出典は岩波文庫の『幸福論』第一部（草間平作訳／840円）、『幸福論』第二部、第三部（草間平作、大和邦太郎訳／第二部：970円、第三部：1010円）。別訳として『ヒルティ幸福論Ⅰ』（氷上英廣訳、白水社／2600円）、『ヒルティ幸福論Ⅱ』（斎藤栄治訳、白水社／3000円）、『ヒルティ幸福論Ⅲ』（前田護郎、杉山好訳、白水社／3000円）、『幸福論』（秋山英夫訳、角川ソフィア文庫／920円）、『超訳　ヒルティの幸福論』（齋藤孝訳、三笠書房／1300円）がある。またヒルティのおすすめ著作として『眠られぬ夜のために』（小池辰雄訳、白水社／絶版）、『眠られぬ夜のために』第一部・第二部（草間平作、大和邦太郎訳、岩波文庫／第一部：960円、第二部：900円）がある。

ベルクソン『時間と自由』

名文ピックアップ

自由行為は、流れつつある時間の中で行なわれるもので、流れ去った時間の中で行なわれるものではない

どんな本か？

人間の自由は時間の問題から論ずることができる。時間には、時計で計測できる物理的時間（流れ去った時間）と、生きた人間が感じる心理的時間（流れつつある時間）がある。人の直感的な意識の中で感じられる心理的時間こそが「時間」の本質であり、物理的時間は「空間」と同じだ。そして人間にとって最も大切な自由は「流れ去った時間」にはなく、

――「流れつつある時間」の中にある。著者は、20世紀の哲学に大きな影響を与える「生の哲学」を提唱し、後にノーベル文学賞を受賞した。

「心理的時間」を大切に生きよ

私の著書の多くに現れる「活きた時間」という言葉がある。この概念を私に与えてくれたのが本書である。

人間はいかにしたら自由に生きられるか、という大問題をベルクソンは扱う。自由を論じるとき、彼はまず時間について考えはじめる。時間には二つの側面があるというのだ。

日常生活は時計に従って進んでいく。時計が刻むときは誰にとっても、世界中どこでも変わらない。正確な時計によって新幹線も時刻どおりに運行する。こうした時間を物理学にちなんで物理的時間と呼ぶ。

これに対して、人間には心理的時間がある。同じ時間でも感じる長さが異なるのだ。たとえば退屈な会議は長く感じるが、面白い映画はあっという間にときが経つ。これが心理的時間の特徴で、内容によって密度の濃淡や意味のあるなしがはっきりと分かれる。ベルクソンはこの心理的時間のありようこそが人生にとって大事であると説く。

ベルクソンは心理的時間のことを「流れつつある時間」と表現した。宇宙の中で滔々《とうとう》と流れる時間のイメージである。人間の意識の中に去来するもので、つかみどころがない。

一方、物理的時間は「流れ去った時間」と呼んだ。過ぎ去ってしまった過去のイメージだ。車が走った跡が轍《わだち》として残ると、物理的時間はこの痕跡として視覚的に確認できる。また、時刻は、時計の文字盤で針が指す位置として、空間的に表現できる。

ベルクソンは、人間がよりよく生きるためには、心理的時間を大切にしなければならないと力説した。心理的時間は刻一刻と変化する。1秒前は過去の時間に属し、どうすることもできない。人が生きているのは、今この瞬間だけなのである。よって、今を大事に生きていくことが、最も人間らしい生き方につながるのだ。

それに対して、流れ去った時間を振り返るのは、物理的時間に固執することである。過去の栄光にすがって生きることほど愚かなことはない。この世で生を受け、流れつつある時間を十全に生き抜くことが、一番重要なのである。

自由を手に入れるための思考の転換

時間の区別について理解したところで、本書の主題である自由の問題へ進んでみよう。人間が自由であるためには、心理的時間を取り戻さなければならないという。「われわれは（中略）みずから行動するよりもむしろ『行動させられて』いる。自由に行動するとは、自己を取り戻すことであり、純粋持続の中にわが身を置き直すことである」とベルクソンは述べる（236頁）。

「純粋持続」とは「流れつつある時間」が持続している状態のことだ。すなわち、「自由行為は、流れつつある時間の中で行なわれるもので、流れ去った時間の中で行なわれるものではない」（225頁）のである。

現実の世界に応用してみると、こうなるだろう。「流れ去った時間」とは、過去の実績や評価である。ここにばかり注意が向けられると、今この瞬間に「流れつつある時間」が疎《おろそ》かになる。実は、「流れつつある時間」とは人生そのものである。これを自分で掌握できなければ、過去の「流れ去った時間」に翻弄《ほんろう》されたままである。これではいつまで経っても自由は手に入らない。

物理的時間（流れ去った時間）は後にニュートン時間と呼ばれ、心理的時間（流れつつある時間）は著者ベルクソンにちなんでベルクソン時間とも呼ばれるようになった。

私のような科学者は、日常で厳密なニュートン時間を扱っている。地球の歴史は46億年ほどあり、素粒子の寿命は何兆分の一秒という。何億年でも何秒でも、物理学の決めた日盛りによって寸分の狂いもなく時間を測ることができる。

物理的時間のまっただ中で長年仕事をしていた私は、本書を読んだときに目から鱗《うろこ》が落ちる思いをした。人間は地球上の物体である以上、ニュートン時間から決して逃れることはできないと思っていたからだ。

一方で私は火山という自然現象に出合い、その面白さにのめり込んだ結果、いつの間にか火山学者になってしまった（拙著『火山はすごい』PHP文庫を参照）。こうして熱中していた人生上のプロセスは、まさにベルクソン時間だったのである。

本書は、私が感じていた科学上の時間と人生上の時間との乖離《かいり》を、初めて明快に説明してくれた。しかも、心理的時間（流れつつある時間）を過ごしたときにこそ、自分本来の人生を創ることができ、人は自由になれることを教えられたのである。

カントに反論し「生の哲学」を提起

ベルクソンはフランスの最高学府である高等師範学校（エコールノルマル）で哲学の教育を受けた。教授は熱心にカント哲学のすばらしさを説き、学友たちは全員カントに心酔していた。しかし、ベルクソン一人がまったく影響を受けなかったのである。それどころか彼はカントの哲学に猛反発し、ここから心理的時間と物理的時間の議論が生まれた。

カントは世界の存在について革命的な考えを出した大哲学者である（第8章346頁参照。以下でも章番号とともに示した参照頁は、本書中の頁を指す）。世界は空間と時間からなるが、どちらも人間の認識とは別に勝手に存在する、と彼は説く。少し乱暴に言うと、空間と時間は人間とは関係ないものだから、考えても仕方がない。いずれも哲学者の対象ではなく、科学者が扱えばよい、とカントは考えたのである。

これに対してベルクソンは、空間と時間のすべてが人間と関係ないものではない、と反論した。たしかに「空間」は物差しで測ることができるから、科学者の領域にある。また、「物理的時間」も時計で計測できるから、物質世界に属するものである。しかし、「心理的時間」は生きている人そのものにかかわる大事な領域であり、哲学すべきものだと考えたのである。ここから「生の哲学」と呼ばれるベルクソン独自の考えが展開されてゆく。

本書はベルクソンが29歳で書き上げた博士論文である。高等師範学校の学友たちと違って、自分の頭で考えた優れた成果がここにある。真に独創的な発想はこうして生まれることも、私は本書から学んだのである。

3行で要約！

・「物理的時間」と「心理的時間」で、自分の時間を点検せよ
・流れつつある時間の中でこそ、人間は自由になれる
・周囲に染まらず、自分で考え独創的に生きてみよう

出典・ブックガイド

出典は『時間と自由』（アンリ・ベルクソン著、平井啓之訳、白水Uブックス／1300円）。別訳として『時間と自由』（中村文郎訳、岩波文庫／860円）、『意識に与えられたものについての試論』（合田正人、平井靖史訳、ちくま学芸文庫／1200円）、『意識に与えられているものについての試論』（竹内信夫訳、白水社・電子書籍／2600円）がある。ベルクソンのおすすめ著作として『笑い』（林達夫訳、岩波文庫／720円）、『物質と記憶』（合田正人、松本力訳、ちくま学芸文庫／1300円）、『創造的進化』（合田正人、松井久訳、ちくま学芸文庫／1500円）がある。また、関連書籍として『ベルクソン』（篠原資明著、岩波新書／品切れ）がある。

荘周『荘子《そうじ》』

名文ピックアップ

人々はみな有用なものが役にたつことはわかっていても、無用なものが役にたつことを知らない

どんな本か？

紀元前4世紀ごろの中国の思想家荘周の著作。立身出世から離れた自由な境地を尊び、大自然に帰る生き方を興味深い逸話とともに説く。『老子』とともに、儒教とは考え方の異なる道教の経典となった。儒教が東洋の政治の基盤となったのに対し、道教は文学や思想の世界で影響を与え、その自由奔放な発想は陶淵明や李白などの詩人に受け継がれた。人

間の過剰な意識を排除する考え方は、後の禅宗の悟りとしても展開した。なお、本書は中国古典の『曾子《そうし》』と区別して「そうじ」と読む。

上手にブレーキをかける方法

荘子《そうし》（本名は荘周）が生きていた中国の春秋時代の末期には、数多くの小国が乱立し、為政者に国を治める方法を説いて回る知識人がいた。最初にとりあげた『論語』を語った孔子はその代表格であるが、彼らは儒家《じゅか》と呼ばれ中国思想の根幹を作っていった。これに真っ向から対抗する思想を打ち立てたのが荘子である。

儒家は人の努力によって世の中がよくなると考えたが、荘子は人為的な働きがかえって道を誤ることになると批判した。この考えは荘子たちの説く「道」から道家《どうか》思想とも呼ばれ、孔子や孟子などの儒家と鋭く対立した。いわば儒家の考え方がアクセルとすれば、道家はブレーキをかける思想なのである。

本書は、忙しく働く私にとって、上手にブレーキをかける方法論として大いに参考になった。過ぎたるはなお及ばざるがごとし。仕事もアクセルをふかすだけではうまくいかず、危険な場合があるからだ。

荘子は出世を求めない元祖でもある。楚《そ》の国の王が荘子を招聘《しょうへい》しようと二人の家老を送ったときのことだ。荘子は彼らに問うた。亀は殺されて神殿に飾られるのと、泥水に尾をひきずりながらも自由に遊ぶのと、どちらがよいだろうか、と。「二人の家老は答えた、『それは、やはり生きながらえて泥の中で尾をひきずっているのを望んだでしょう。』荘子はいった、『帰りなさい。わしも泥の中で自由に尾をひきずることにしよう。』」（第二冊２８０頁）。

京都に住む私は、「心に京都を」というキャッチフレーズで、ゆとりと文化を日常生活に取り入れることを提唱している。歴史と伝統の都である京都の心を持ってゆっくりと深く考えよう、という提案で、荘子の考え方とも近い。出世ばかりを追いかけるのではない、しなやかな生き方を目指したいのである。

本書は日常のしがらみや評価から離れて自分の人生を振り返り、「これでよかったのだろうか」と点検する思索をうながしてくれる。確かに、現実には出世をまったく求めない生き方を貫くことは困難かもしれない。しかし、本書を読むことで、新しい人生のシミュレーションができるだろう。すると今までとは異なる美しい世界が見えてくるのである。

賢人ほど全体を眺める視点を持つ

自由な精神を求める荘子は、自然と一体になり、あるがままに生きることを理想とした。万物斉同《せいどう》、すなわち、すべての物は斉《ひと》しく同一である、と説く。また、現実社会にある優劣や差別は人間が勝手に作り出したものであり、排除すべきものと考えた。往々にして私たちは良い悪いの分別を働かせるが、長い目で見るとこうした判断はあまり意味がなかったことを思い知らされる。価値観は立場や時代によって変わり、長短、明暗、美醜などもみな相対的なものでしかない。

そこで荘子は、万物はすべて等しい価値を持つと考え、宇宙全体までも巨視的に見ようとした。全部を包含する混沌としたものが世界の実体なのだと説くのである。

私が本書を知ったのは、高校生の頃に読んだ湯川秀樹著『本の中の世界』（岩波新書）でだった。ノーベル賞物理学者の湯川は、若い頃から万物斉同の考えに惹《ひ》かれていた。後年、素粒子の研究で物質の起源を求めていたときにも、本書のイメージを研究と重ね合わせている。

通例、人は何でも部分的に物事を見ようとする。しかし、賢人ほど全体をそのまま眺める視点を持つ。「一般の人々はあくせくと勤め励むが、聖人は愚鈍で、千万年の推移の中に身をおきながら完全な純粋さと一致している。万物はすべてであるがままにあることとなり、〔聖人は〕そうした立場ですべてを包みこむのだ」（第一冊80頁）。私には世界的な科学者である湯川が中国古典を熟読している姿が、とても新鮮だった。自然界はもともとつなぎ目がないシームレスなものである。私も地球科学の研究をしていて、自分の専門で地球を勝手に切り分けている危険性を感じる。○○学者という自分の狭い「知」だけで見たのでは判断を誤り、「万物斉同」の観点を持っていないと専門バカに陥ってしまうのだ。

現代社会はすべて分業から成り立っており、その結果全体がまるで見えなくなってしまった。現実の社会に差別や対立を持ち込んだのは、人間のこざかしい評価である。人の分別や思い込みは、ときには正しい判断の眼を曇らせる。本書は、世界を切り分けずに統一された全体としてとらえる視点をいつも教えてくれる。

発想の転換なくして新たな道は生まれない

今の世では役に立つことばかりが求められ、役立たないことは排除される。しかし、一見役に立ちそうもないことから時には新しい発見が生まれ、思いもかけぬ展開が広がる。いにしえの賢人の言行録である古典をじっくりと読むことも、これに当たるかもしれない。

本書に面白いエピソードがある。幹がこぶだらけで枝の曲がりくねった大木があった。何の役にも立たないとそしる人に、荘子はこう語る。

「大木があって用いようがないとご心配のようですが、それを何物も存在しない広々とした空漠の野原に植えて、そのまわりでかって気ままに休息し、その樹陰でのびやかに腹ばって眠るということを、どうしてなさらないのです」（第一冊39頁）。

建築材を求める人には、材木としての価値しかわからない。しかし、視点を変えればこの木は昼寝には最適なのだ。こうした発想の転換なくして新たな道は生まれないだろう。

役に立つことを求めることは、確かに一つの知性である。しかし、荘子は偏った「知」に頼る者に警鐘を鳴らし、宇宙を広い視点で「あるがまま」に見ることをすすめた。「人々はみな有用なものが役にたつことはわかっていても、無用なものが役にたつことを知らない」（第一冊146頁）。「無用の用」という成語はここから生まれたのである。

自分の価値観に固執しない荘子の態度は、極めてユニークな思想を生み出した。価値の相対性を説く本書は、行き過ぎた文明に対する優れた批判の書でもある。今、世界は、行き過ぎたグローバリズムがもたらした不安定におびえている。このような時こそ、2300年ほど前に書かれた本書を読んで発想の転換をしてはいかがだろうか。

3行で要約！

・あえて出世を求めない新しい生き方を考える
・世界を価値で切り分けずに、統一された全体としてとらえる
・自分の見方に固執しない態度が、ユニークな発想を生み出す

出典・ブックガイド

出典は『荘子』（金谷治訳注、岩波文庫／第一冊：780円、第二冊：840円、第三冊：900円、第四冊：900円）。別訳として『荘子』（岸陽子ほか訳、徳間書店／2233円）、『荘子』Ⅰ・Ⅱ（森三樹三郎訳、中公クラシックス／Ⅰ：1550円、Ⅱ：1600円）がある。また、関連書籍として『老子・荘子』（野村茂夫著、角川ソフィア文庫／680円）、『臨済・荘子』（前田利鎌著、岩波文庫／品切れ）がある。

スマイルズ『自助論』

名文ピックアップ

君はいま、自分の生き方を自分で決める時期にさしかかっている

どんな本か？

英国の医師作家が19世紀半ばに著した世界的な自己啓発書。原題は「セルフヘルプ」で、人生を自らの手で開く「自助」の精神を説く。また、時機を見抜く才覚、時間や金銭の知恵、自己修養、人脈術、人間の器などについて、人生の達人として温かい助言を行う。日本では明治初期に教育者の中村正直により『西国立志編《さいこくりっしへん》』として翻訳され、大志を抱く青年たちに影響を与えた。最盛期の英国を支えた「自助の心」は、自己鍛錬の名著として時代を越えて読み継がれている。

人生のハンドルを握るのは自分のみ

「天は自ら助くる者を助く」。この言葉から始まる本書は世界十数カ国で翻訳され、明治期の日本でも、福澤諭吉著『学問のすゝめ』（第3章130頁参照）とともに広く人口に膾炙《かいしや》した。

「自分で自分を助けようとする精神こそ、その人間をいつまでも励まし元気づける」（12頁）。自らの運命を切り開くのは自分以外にはない、という考えが本書を貫いており、自分の意志で行動する独立不羈《ふき》の姿勢が、欧米で有名な300人以上のエピソードとともに語られる。

「『外からの支配』よりは『内からの支配』を」（13頁）とあるように、法律や制度を手直ししても社会はよい方向に変わらない、と著者は説く。「われわれ一人一人が勤勉に働き、活力と正直な心を失わない限り、社会は進歩する」（同頁）のである。

すべては個人の力に帰結すると考える著者は、自助の精神は各人の意志によってのみ発現されると主張する。著者は誰もが等しく持っている自由意志の力に、いつも大きな信頼を寄せるのだ。

何か行動を起こそうとしたとき、もし困難があれば人は逃げようとするだろう。厄介なことに、その口実を他者のせいにする人も多い。「上司が悪いから」「不景気だから」「政治が悪いから」「金持ちに生まれなかったから」等々……。

しかし、本当は、人生のハンドルを握っているのはつねに自分自身である。「君はいま、自分の生き方を自分で決める時期にさしかかっている」（１０８頁）。「意志のあるところ、道は開ける（中略）いいかえれば、決心さえ固めたなら、それはすでに現実に目標を達成したも同じことだ」（１１０頁）。人生のすべての行動の決定権がつねに自分にあることを、著者は強く喚起するのである。

才能よりも努力が大事

成功に必要なのは、実は才能ではなく勤勉である。「人間の優劣は、その人がどれだけ精一杯努力してきたかで決まる」（23頁）。本書に流れる第2のモチーフは勤勉力である。

そして著者は著名な画家の言葉を引用する。「諸君が天性の才能に恵まれているなら、勤勉がそれをさらに高めるだろう。もし恵まれていないとしても、勤勉がそれに取って代わるだろう。（中略）私は精一杯努力しようと決めたのだ。天分に恵まれていないことくらい、自分で百も承知していたのだから」（96頁）。そして「人間を向上させるのは文学ではなく生活であり、学問ではなく行動であり、そして伝記ではなくその人の人間性」（19頁）であると諭《さと》す。

著者はただ観念的に勤勉であれと言っているのではない。勤勉になる習慣が身に付くための具体的な方法も開示する。たとえば手帳を一冊携えて気にかかることをメモすれば、勤勉さは自然と身に付く。「考えたことや見聞きしたことを書き留めるのは、商人が棚卸《おろ》しをするのと同じだ。それをしないと、自分の店に何が置かれていて何が足りないのか、さっぱりわからない」（73頁）からだ。

私自身、携帯メールでメモを書き、自分のパソコンにメールで送る方法をとっている。電車の待ち時間でも、会議と会議の合間でも、気づいたときに記入する。こうしたことを日頃から心掛けていれば、アイデアはいつか結実するだろう。生物学者のダーウィンも哲学者のベーコンも、丹念に書き留めたメモから偉大な発想が生まれたのである。

ここで大事なのは勤勉、忍耐、几帳面といったごく平凡な資質であり、決して天賦の才能ではないということだ。本書が自己啓発書の古典として残った理由の一つは、天才ではない多くの人に対してこうした処方箋を的確に出している点にある。

究極のプラス思考のススメ

優れた仕事を成し遂げるには、自尊心がなければならない。「自尊心とは、人間が身にまとう最も貴い衣装であり、何ものにもまして精神を奮い立たせる」（214頁）。

ここで適切な自尊心を持つには、自分が最も尊敬する人物をまねするのがよい。「人格教育の成否は、誰を模範にするかによって決まる。われわれの人格は、周囲の人間の性格や態度、習慣、意見などによって無意識のうちに形づくられる」（247頁）からだ。

こうなりたいという人物像のことを「ロールモデル」という。身近な人でも歴史上の人物でも構わない。私は昔から理想のロールモデルを描き、その人格に近づこうと努力してきた。立派な人格とはそれ自体が優れた身分で、世間の信用を得る大事な財産となるからである。

また、優れた人格を獲得するためには、短所は見ずに長所を伸ばすことを著者はすすめる。「自信のなさも、人間の進歩発展にとっては大きな障害となる。（中略）自分の力に自信を持っていたからこそ成功でき」るものだからだ（207〜208頁）。

ただし、自信を持つことは、自信過剰を意味するのでは決してない。謙虚さをつねに保ちながら自信を得ることが大切である。「真の謙虚さとは自分の長所を正当に評価することであり、長所をすべて否定することとは違う」（208頁）と説くのである。私が13年前に教壇に立ったときにまず驚いたのは、学生たちの自己評価の低さであった。若者たちは「自分にはここが足りない、あそこがダメだ」とマイナスばかりを見ていた。

そこで私は専門の地球科学を教える中で、学生たちに本書を推薦することにした。マイナス思考から抜け出すためには絶好の指南書だからである。自分に欠けている能力のことは考えず、長所で勝負すること。自分が持っている能力を最大限に使ってできることは何か、といつもプラス思考で動いてほしいのである。

本書は19世紀半ばのイギリス人と明治初期の日本人を鼓舞し、独立独歩の国家を造り上げることに寄与した。その熱いメッセージは、教室の若者たちだけでなく、人生の青春の火を絶やすまいと決めている私をも励まし続けている。

3行で要約！

・人生上のすべての行動の決定権は、自分にある
・天賦の才は必要ない。勤勉と努力の資質があればよい
・理想的なロールモデルを描き、自らの持つ長所を伸ばせ

出典・ブックガイド

出典は『自助論』（サミュエル・スマイルズ著、竹内均訳、知的生きかた文庫／533円）。別訳として『新・完訳　自助論』（久保美代子訳、アチーブメント出版／1600円）がある。明治初期に翻訳された『西国立志編』が現在も文庫としても刊行され、読むことができる（中村正直訳、講談社学術文庫／1430円）。また、本書のエッセンス版として『イギリス流　大人の気骨　スマイルズの『自助論』エッセンス版』（山本史郎訳、講談社／1200円）がある。

神谷美恵子『生きがいについて』

名文ピックアップ

生きがいを感じているひとは、他人に対してうらみやねたみを感じにくく、寛容でありやすい

どんな本か？

精神科医の著者は生涯を通して「何のために生きるか」という大きな問いへの回答を真剣に探し求めた。人が生きていくうえで最も必要なのは「生きがい」であり、この世で生かされている幸せを感じ取れるかがポイントとなる。そして予想に反して、生きがいは人生の試練を与えられた場でしばしば生まれる。もし生きがいを感じられなければ、最初に、

——他者の役に立つ仕事を探してみればよい。この世でなすべき仕事がわかれば、生きがいは明確になる。他人や社会への貢献こそが、生きがいの源泉となるのである。

苦労こそが生きがいにつながる

私は大学生の頃に本書に出合った。いつも「これでいいのだろうか？」と問うて生きてきた自分に、著者は一筋の光明を与えてくれた。生きがいとは何か、どうしたら生きがいを得られるのか？——その問いに対して少しでも真相に近づきたい、という真摯《しんし》な願いが、本書が書かれた最大の動機である。悩む著者自身が本書を書きつつ解放されていく軌跡は、私にとっての心の解放でもあった。

津田英学塾在学中にハンセン病を初めて知った著者は、医学部進学を決意し30歳で精神科医となる。そして同じ人間に生まれながら病に苦しむ人がいるのはなぜか、と思い悩む。過酷な環境にありながら、生きる気力を失う人がいる一方で、希望を見いだす患者がいる。そこに存在する「生きがい」について、深く洞察を始めるのである。

著者は医師、著述家、母親として八面六臂《はちめんろっぴ》の活躍をする中で、何かを求めて苦労する行為こそが生きがいをもたらしてくれるものであると気づく。「苦労して得たものほど大きな生きがい感をもたらす、ということは一つの公理ともいえる」(25頁)。たとえば実社会においても、実現不可能に思えるプロジェクトに取り組むことこそが、生きがいとなるのではないだろうか。逆に言えば、試練を乗り越える現場のないところには、生きがいは存在しにくいのである。

「ほんとうに生きている、という感じをもつためには、生の流れはあまりになめらかであるよりはそこに多少の抵抗感が必要であった。したがって生きるのに努力を要する時間、生きるのが苦しい時間のほうがかえって生存充実感を強めることが少なくない」(24頁)と著者は記す。

「真摯に生きているか」自分へ問いかける

著者は生きがいの本質について、さまざまな考察を加える。生きがいには、生存充実感への欲求、変化への欲求、自己実現への欲求、意味と価値への欲求などがある。現世に大事なことは、この世で生かされている幸せを感じ取れるかどうか、である。現世に生を受けたという僥倖《ぎようこう》を噛《か》みしめることが、すなわち生きがいなのである。

人間は自分で勝手に産まれてきたのではない。たくさんの偶然が重なり、父母、祖父母、曾祖父母と人間の悠久のつながりの先に生を受けている。自分が何か大いなるものに生かされていることを忘れてはならない。本書に出合い、私自身が、そう自分に語りかけるようになったのである。

ノーブレス・オブリージュという言葉があるが、この世に生を受けたこと自体が「ノーブル」なのではないだろうか。生きているとは、何かを行う義務を伴うような、大きな価値のあることなのだ。与えられた使命を全うしながら、誠実に一生懸命に生きていく。ここに生きがいの本質がある。

そのためには他人をあまり意識せず「自分らしさ」をもっと出してもよい。生きがいは自分の価値観で決まるもので、のびのびと自由に自分らしく生きていけばよいのである。

今でもアクティブに活動したあとの夜更《ふ》けに、「これでよかったのだろうか?」という考えが私の頭をよぎることがある。こうした際には、単純に元気づけるだけの自己啓発本では如何《いかん》ともしがたい。

そこで、迷ったときには本書を繙《ひもと》き、自分へ真摯に問いかけるようにする。「いったい自分は何がしたいのか、また何ができるのか?」。長い間、心の支えとなってきた本書を読むことで、いつも勇気をもらい安心するのである。

本書は好きな章から読み始めることをぜひすすめたい。どの読者にもぴったりと合う話が必ずあるだろう。そこから深く読み進めばよいのである。

落ち込んだときにどうするか

本書には、落ち込んで生きがいが感じられないときの処方箋も書いてある。生きがいを感じられなくなったら、何か他者へ貢献できることを探してみればよい、と著者は説く。

自分の身を捧げて役に立てる場がどこにもない、というのは不幸である。何か人の役に立つことができたときに、人は必ず幸福になれるものである。他者を喜ばせ献身できるからこそ、自分の中に生きがいが生まれるのだ。「生きがいを感じているひとは他人に対してうらみやねたみを感じにくく、寛容でありやすい」（21頁）のである。

そして生きがいには「未来に向かう心の姿勢」がある、と著者は述べる。「自己の生存目標をはっきりと自覚し、自分の生きている必要を確信し、その目標にむかって全力をそそいで歩いているひと――いいかえれば使命感に生きるひと」（36頁）が、いちばん生きがいを感じるのだ。

確かに、使命感に生きる人は、世間に広く知れ渡ることがなくとも人目につかずとも、良い仕事をしているものだ。彼らは他人に認められようとなかろうと、自分の活動が社会に活き、他者を支える力になっているのを実感している。

著者は「生きがいを探る」という精神科医としての本来の仕事を世に知ってもらおうと、本書を執筆した。私はここにも深い共感を覚える。

本書は、生きがいという難しい内容を扱っているにもかかわらず、やさしく丁寧《ていねい》な文体で書かれているため非常に読みやすい。わかりやすいだけでなく、内容が極めて深い本なのである。生きがいという人生の根源にかかわることに対して、何のてらいもなくストレートに論じる姿は、まさに感動的である。

そして自分の修めた学問と教養を、ペンの力で広く社会に還元する著者の姿が、後年の私にとってロールモデルの一つとなった。

世に名著はたくさんあるが、若い頃の私を救った名著の第一は本書だった。私自身がそうしてきたように、年齢を重ねるたびに読み返したくなる座右の古典でもある。人生の試練に直面したときだけでもよい。多忙な人にこそ読んでほしい珠玉の一冊なのである。

何のために自分は生きているのか、という問いに正面から向き合う貴重な時間がここから生まれるに違いない。

3行で要約！

・生きがいは、試練を与えられた現場にこそ生まれる
・この世で生かされている僥倖《ぎょうこう》をかみしめ、誠実に生きよう
・何かしら他者の力になれたときに、人は幸福になれる

出典・ブックガイド

出典は『生きがいについて』（神谷美恵子著、みすず書房／1600円）。神谷美恵子のおすすめ著作として『人間をみつめて』（みすず書房／2000円）、『遍歴』（みすず書房／1800円）、『本、そして人』（みすず書房／2200円）、『こころの旅』（みすず書房／1600円）がある。

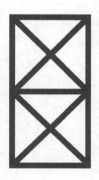

第2章

私たちは何者か

プラトン『ソクラテスの弁明』

名文ピックアップ

知らないことを知っていると思いこんでいることが、どうして（中略）無知でないことがありましょう

どんな本か？

2500年昔の古代ギリシャに、ソクラテスという名の一風変わった哲学者がいた。彼は権威とされているすべてを疑い、当時の知恵者たちに問いかけた。ところが、どんな識者もソクラテスにかかると愚か者になってしまった。そのため、ソクラテスとの議論に負けた者は、みな怒った。ついに彼は世の治安を乱した者として法廷に引きずり出され、死刑

——を宣告される。多勢に無勢《ぶぜい》。その法廷で行ったソクラテスの弁明が本書である。ソクラテスは脱獄の誘いを拒否し、「悪法も法なり」と言って、毒を飲んで死ぬ。

ソクラテスと「無知の知」

哲学者ソクラテスは「この世でソクラテスよりも知恵のある者はいない」という神託を得て、非常に驚く。というのは、彼は自分が賢いとはどうしても思えなかったからだ。

そこで彼はアテネの街の人々に語りかけた。政治家、詩人、職人……。賢いと言われ、本人もそう思っている数々の人に会い対話をすると、彼らは決して賢くないことが露見した。

すなわち、「自分は賢い」と思っていることそのものが、「自分は愚かである」ことの証明になってしまったのである。そしてソクラテスは「自分は何も知らないということに気づいた者だけが識者である」ということに気づく。これは後に「無知の知」と呼ばれ、西洋哲学の基盤になった。

自分は何も知らない、から始めよ

現代世界でも同様のことが言えるのではないだろうか。「自分は優れている」と吹聴して回るような人物に、大した人はいない。逆に、自分の限界をよく知る人の仕事は信頼できる。「無知の知」は、周囲の人の力量を判断する際に、とても有効な基準となる。

私がこの言葉を初めて知ったのは、高校生の頃であろうか。友人が小脇に抱えた『ソクラテスの弁明』を自慢げに見せてくれたときだ。「自分は何も知らないことを知る」。この言葉の本当の意味を理解したのは、それから約20年後のことであった。

1991年、長崎県雲仙普賢岳《ふげんだけ》で43名の命が高温の火砕流《かさいりゅう》で奪われた。ここにあったのが、われわれ火山学者の「無知の知」の欠如であったのだ。予想もしなかったタイプの火砕流が発生し、私たち最先端科学の担い手たちは、危険区域にいた人々を救うことができなかった。

「無知の知」は科学の世界でも不可欠の考え方である。自然科学は過去の常識を覆しながら進展してきた。「自分は自然について何も知らない」と思うからこそ、新しい実験を企画し、知識を蓄積する。

私自身いつも実感していることだが、人間が思いつくことは、たかが知れている。

そして虚心坦懐に自然を観察すると、思いもかけぬ精妙な仕組みが見つかるのである。「自分は賢いから自然を知り尽くしている」などと考える科学者は、それだけで失格なのだ。

「汝自身を知」り、「対話法」で磨く

ソクラテスが考えたかったことは、人間の正しい生き方である。その手段の一つとして「汝《なんじ》自身を知れ」という格言を挙げる。自分を知らずに行動しても、すべてが危うくなってしまう。まず自分の能力・得意分野・武器などを正確に把握したうえで、周囲と接触しなければならない。

もう一つ、よい人生を送るためには、もろもろの邪魔なものを遠ざけなければならないと説く。人生にとって邪魔なものをソクラテスは「ドクサ」と呼んだ。ドクサは「人間を絶えず惹《ひ》きつけるものだが、必ずしも幸福にしないもの」である。

たとえば、おカネや地位、容貌や学歴に人は引きつけられやすいが、破滅させることもあるという意味で、ドクサとなりうる。翌日に二日酔いをもたらす過度の飲酒も、ドクサにほかならない。そして世界で最大のドクサは核兵器だろう。多くの為政者を惹きつけるが、人類を決して幸福にしないからである。ソクラテスはこうしたドクサ

から逃れたよい生き方を求めて、一生を送ったのである。

ソクラテスの行動からもう一つ大事な点を学ぶことができる。「対話」の価値である。彼がアテネの街で行ったことは、人とのおしゃべりである。対話することから、ソクラテスの相手が賢くないことが、あぶり出された。

人は一人で考えてばかりでは、よい知恵が生まれない。対話することによって、客観的に問題点が明らかになる。相手の考えのアラだけでなく、自分のアラも明らかになる。互いに揚げ足を取りながら対話することで、解決策も見えてくるのだ。

ソクラテスが行った対話は、現代風に言えばディベートである。忌憚《きたん》のない議論によって新しい知を得る発想法であり、ブレーンストーミングの元祖でもある。この方法はのちに「対話法」と呼ばれるようになり、西洋思想を鍛え上げるための大事なテクニックとなった。別名「産婆術」とも言うが、文字どおり新しい考え方を産み出す助けをする方法なのだ。

科学の世界でも「対話」は非常に重要である。成果を必ず国際会議の場で発表し、各国の学者とディベートによって内容を吟味する。科学はインターナショナルだから、世界中の誰もが納得する結果を積み上げなければならないのである。

また、研究成果を論文にまとめて学術雑誌に投稿すると、査読と称するレビューを必ず受ける。査読するのはレフェリーと呼ばれる複数の専門家だが、内容の是非に関して彼らと丁々発止と議論の応酬を行う。こうした手法もソクラテスの「対話法」から生まれたのではないかと思う。

ところで、本書の著者プラトンは、アテネの名家の生まれである。代々が政治家を生業《なりわい》とし、彼も政治家になるはずだったのだが、ソクラテスの生き方に強く影響を受けて自分も哲学者となってしまった。

「自分は賢くない」と思っているソクラテス自身が、最も賢い人間であることが証明される過程をつぶさに見て、プラトンは非常に驚いた。愚かな政治家たちは自分が賢人でないとわかると、ソクラテスに憎悪し攻撃を始めた。今風に言えば逆切れだろうか。その顚末《てんまつ》を見て、プラトンは人生を変えたのである。

実は、ソクラテスは何一つ書き残さなかった。しかし、希代の文筆家でもあるプラトンが、ソクラテスの言行を見事に記録してくれたおかげで、彼の名は永遠に残る。二人とも世界史で必ず登場する人物である。

プラトンの著作は、すべてが劇作のように人の会話からなっている。プラトンは「対話法」という強力な武器で、自らの哲学を語ったのだ。こうして『ソクラテスの弁明』に活写されたソクラテスの見事な弁舌に、２５００年もの間、世界の人々は魅了されてきたのである。

3行で要約!

・何事も「自分は何も知らない」から始めよう
・人生の「ドクサ」地位、カネ、容貌、学歴にとらわれすぎるな
・新しい知恵や問題の解決には、意見をぶつけ合う「対話」こそが近道だ

出典・ブックガイド

出典は『ソクラテスの弁明』（プラトン著、三嶋輝夫、田中享英訳、講談社学術文庫／880円）。別訳として『ソクラテスの弁明・クリトン』（久保勉訳、岩波文庫／520円）、『ソクラテスの弁明』（山本光雄訳、角川文庫／400円）、『ソクラテスの弁明ほか』（田中美知太郎、藤澤令夫訳、中公クラシックス／1750円）、『ソークラテースの弁明・クリトーン・パイドーン』（田中美知太郎、池田美恵訳、新潮文庫／490円）がある。

ホイジンガ『ホモ・ルーデンス』

名文ピックアップ

遊びは文化よりも古い

どんな本か？

人間の遊びは文化の誕生よりも古い。人間の文化は最初に「遊び」として発生し、長い間に進化した。そして人間活動の本質は「遊ぶこと」にある。本来の「遊び」では、日常から離れ、利害得失から逃れることが重要である。また、制約を受けた時間と空間の中で、オリジナルな規約を持つのが「遊び」である。こうしたことを著者は法律、文芸、哲学など多様な角度から文化人類学的に検証した。そして最後に、現代文明に対して、「遊び」の精神を失った堕落状態として警鐘を鳴らす。人生を振り返るための好著。

ヒトの本質は「遊び」にある

「ホモ・ルーデンス」とは「遊ぶ人」という意味のラテン語である。『中世の秋』で著名な歴史家ホイジンガが65歳のとき、「遊び」に関する論考として本書を著した。副題は「現代文明の診断」で、行き過ぎた文明に警鐘を鳴らす思想書でもある。

「人間の本質は何か」とは、いつの時代にも考えられてきたテーマである。古代ギリシャ以来、人間は「理性を持つ動物」「社会的な動物」「政治的な動物」などさまざまな定義がなされてきた。19世紀以降は、「道具を作る動物」が人間の本質ではないかという議論も始まった。

そうした流れを踏まえつつ、ホイジンガは人間の本質はあえて「遊び」にあると主張した。人類を意味するホモ・サピエンスは「知恵ある人」という意味だが、ホモ・ルーデンスでは「知恵」を「遊び」に変えたのだ。

「遊び」とは、決められた時間と空間の中で行われる自発的な行為である。「遊び」には自分で決めた規則がある。自らが決定したのだから、その規則は破ってはならず、絶対的な縛りを遊びに与えてくる。これがあって初めて「遊び」は成立するのである。

さらに「遊び」の目的は、遊ぶという行為それ自体の中にある。すなわち、何か別の目標を達成するために遊ぶというのは、本来の「遊び」ではない。遊びは日常の利害得失に関係してはいけないのだ。遊びをしていながら、いつのまにか仕事が完成している、などというのは邪道なのである。

したがって本来の「遊び」の中には、緊張と喜びと楽しさが同居する。ここには日常感覚から離れた「ウソの世界」が入り込んでもよい。むしろ普段の生活や仕事から乖離《かいり》すればするほど、本質的な遊びが成立しやすいと言ってもよいだろう。

ホイジンガの「遊び」に対する定義は、私にはすべて納得いくものであった。なるほど自分が決めた規則を自分で破ってしまっては何も始まらない。しかも、日常いつもせかされている「結果を出せ！」的な行為と完全に無縁であるならば、楽しくないはずがない。

こういう状況であれば、心地よい緊張が生まれるのもわかる気がする。そもそも貴重な時間と空間は、どこにでも出現するものではない。だからこそ「遊び」によって、「活きた時間」と「活きた空間」が新たに出現し、何ものにも代えがたい存在感が生まれるのである。

仕事や家事で多忙な方も、その合間に、こうした本物の「遊び」について思索してみてはいかがだろうか。

「遊び」の要素がビジネスチャンスを生む

本書のもう一つの大事な主張は、遊びという一見非合理的な行動から人間のクリエイティブな能力が生まれる、ということである。ホイジンガは世界中の民族の遊びや遊具について、文化人類学的に詳しく調べ上げた。どれもこれも非合理的なものばかりだったが、調査していく過程で人間の創造力の本質が見えてきたのである。

遊びの世界は、面白いサークル（循環系）を描く。たとえば子供が最初に何かをイメージして、あれこれと考え出す。規則も押し付けもない無垢なところから思考が始まる。その後、頭の中のイメージを現実の世界に照らし合わせながら、子供たちは自分の遊びを完成させていく。しばらくすると、再び新しい遊びのアイデアが生まれ出す。

つまり初期のアイデア、現実の世界、完成した遊びという三者の間で、ゆったりとした循環が起きるのだ。子供は何もないところからも遊びを考え出す。個人の手遊びから集団遊びまで、すべてがこうした構造をとる。しかもその行為自体が極めてクリエイティブな作業となっている。

実は、現代テクノロジーを駆使した製品も、「遊び」から誕生したものが少なくない。パソコンは、当初、テレビゲーム用として普及した。携帯電話にしても、電子メールや着メロ、ワンセグを搭載するようになってから爆発的に広まった。自動車や飛行機ですら、速度や飛距離を競うゲーム感覚から発達したのである。また、電話が発明された当初も現在のような情報伝達の手段と言うよりは、高価なおもちゃとして人々は受け入れていったのだ。

このように「遊び」の要素がビジネスチャンスを生むことは、歴史が証明している。したがって遊びの下手なビジネスパーソンこそ、世代や性別の異なる人たちがしている遊びとよく付き合ってみるとよい。自分の固定した感覚と観念を、「遊び」によって解放し拡張できることだろう。

「遊び」の精神で「まじめ」に仕事を

ホイジンガは自分が若い時代を過ごした19世紀を「技術の世紀」と呼んだ。当時、急速な技術の進歩は、それこそが文化の向上であると誤解された。だが、こうした技術偏重主義は、それ以前に人類が培《つちか》っていた「遊び」の精神を殺してしまったのである。

技術とは本来、「遊び」とは対極の「まじめ」なものである。そこでホイジンガは、文化は「遊び」だけでも「まじめ」だけでも生まれない、両者のバランスが取れたときに初めて生まれるものだと考えた。

20世紀前半は「まじめ」が強すぎて、文化が生まれにくかった。ホイジンガは1930年代にオランダで研究を続けていたが、ファシズムの暴力性に対してつねに警戒していた。ナチズムは「まじめ」の権化であるが、決して建設的な文化を生まないことを彼は見抜いていたのである。

「遊び」と「まじめ」、また「虚構」と「現実」は、常に対立した関係にある。ホイジンガは、両者の対立がもたらす「適度な」緊張関係から文化が生まれ維持されると考えた。

「遊び」と「まじめ」の絶妙なバランス、この卓見を私も忘れないようにしている。科学者という立場は合理的・数理的な世界を基盤とする。しかし、クリエイティブな発想の現場は、実は「遊び」に満ちている。「まじめ」だけでは優れた研究成果は生まれないのである。

両者のバランスを上手に取ること、それは業績主義の現代社会を賢く乗り切るうえでとても大切である。「遊ぶ」精神で「まじめ」に仕事をすれば、ワーカホリックな日本人は、世界文化の重要な発信源となりうるのではないだろうか。

3行で要約！

・日常から遊離する「遊び」の時間と空間を確保しよう
・一見非合理的な行動が、クリエイティブな感覚や観念を解放する
・遊びとまじめの絶妙なバランスがあってこそ生まれるものが「文化」

出典・ブックガイド

出典は『ホモ・ルーデンス』（ヨハン・ホイジンガ著、高橋英夫訳、中公文庫／876円）。別訳として『ホモ・ルーデンス　文化のもつ遊びの要素についてのある定義づけの試み』（里見元一郎訳、講談社学術文庫／1200円）がある。ホイジンガのおすすめ著作として『中世の秋』上・下（堀越孝一訳、中公文庫／上：743円、下：800円）がある。また、関連書籍として『遊びと人間』（R・カイヨワ著、多田道太郎、塚崎幹夫訳、講談社学術文庫／1230円）がある。

マズロー『人間性の心理学』

名文ピックアップ

人は、自分自身の本性に忠実でなければならない

どんな本か？

「科学的」な心理学は、人間が健康に生きるための「技術」を与えてくれる。そもそも人には生理的欲求、安全の欲求、所属と愛の欲求、承認の欲求、自己実現の欲求という五つの基本的欲求がある。人間はこの順番でより高次の欲求を求めるようになる。自分の能力を最大限に発揮するには、こうした五つの欲求を整理し、自己実現に向けて課題を一つずつ達成してゆけばよい。本書で提起された新しい考え方は産業界に導入され、企業経営や労働環境の改善に大きな影響を与えた。

人間の基本的欲求には5段階ある

現代の心理学は、企業経営や労働環境と密接に結び付いている。その道を開いたのが本書である。著者のマズローは、人間の能力を最大限に発揮するにはどうしたらよいか、その課題に応える科学的な学問こそが心理学である、と考えた。

本書の主題は、人間を根本から支えているものの探求である。著者は、心の健康は五つの「基本的な欲求」を満たすことから生じると考えた。すなわち、生理的欲求、安全の欲求、所属と愛の欲求、承認の欲求、自己実現の欲求という5項目であり、この順番に、より高次の欲求となっている。

最初の「生理的欲求」は、食欲や性欲や睡眠欲など、生命の維持に必要な最も原始的な欲求である。生理的欲求がある程度満たされると、2番目の「安全の欲求」が出てくる。安全な住み家や、恐怖や混乱のない状態を求める欲求である。これらは人間だけでなく他の動物も持つ欲求である。

3番目の「所属と愛の欲求」は、家族や友人に囲まれ精神的に安定した生活ができる状態を指す。孤独に生きているのではなく、何らかの集団に所属し、仕事を与えられている状況だ。たとえば、若者は「人間社会で、この欲求が妨害されることが、不適応やさらに重度の病理の最も一般的な原因となっている」(69頁)と説明する。人は家族的な愛情のみならず、仕事や趣味を仲立ちとした人間関係まで、幅広いレンジでの所属の欲求を満たそうとするのである。

4番目の「承認の欲求」とは、自分に対して社会から高い評価が与えられることを望む欲求である。もともと人間が地位や名声を求めて一生懸命努力するのは、この欲求があるからである。

最後に、最も高い段階として、「自己実現の欲求」がある。これまでの四つの欲求が満たされても、人は満足できないことがある。それは自分本来の生き方をしていなかった場合なのだ。

たとえば、すでに実績も名声も得た経営者が、まだ自分の能力を発揮していないと感じて、まったく別の行動を始めるような例である。この人は絵を描くことによって自己実現に達するかもしれない。

この欲求について著者はこうも述べる。「最高に平穏であろうとするなら(中略)人は、自分自身の本性に忠実でなければならない」(72頁)。すなわち、人間は5番目の欲求を満たすために、さらに努力を続けていくのである。

「欲求の5段階説」と呼ばれるこうした著者の考え方は、社会や人々の中で何かをしたいという私の漠然とした思いに、明確な方向を与えてくれた。

著者は、従来の心理学は日常生活への適応を目標としていたにすぎず、もっと高いレベルでよい人生を送るアドバイスを心理学は行えるはずだ、と考えたのである。病理と健康、勤労と遊び、自己と他者、そのいずれも含めた人間の全体を扱う点に、マズロー心理学の特徴がある。彼の研究は広く産業界に受け入れられ、経営学と心理学を融合した多くの成果が生まれた。

プラス思考の明るい心理学

私は大学時代に心理学のサークルに所属し、フロイト、ユング、アドラー、ロジャーズなどの著作を友人と輪読していた。後年、就職してから本書に出合い、他の心理学と比べて内容が非常に明るいことに驚いた。

著者は人間の欲望を正直に観察し、道徳や規範で縛ろうとはしない。最初に、動物としての人が持つ欲求から説き起こして、最後には最も人間らしい自己実現の欲求を目標とする。言うなれば、ありのままの人間の姿から打ち立てた「プラス思考」の心理学である。重苦しい古い心理学から一線を画する新しい発想に、私は夢中になった。

自己実現を成功させるには、まず自分が持つ欲求を整理しなければならない。生理的欲求や安全欲求などの動物的な欲求から、名誉や生きがいを求める人間固有の欲求まで、自分が何を欲しているかを把握することからすべてが始まるのだ。

哲学者ソクラテスは「汝自身を知れ」と説いたが、現代風に言えば欲求の5段階を熟知することになろう。そのうえで、最終的な目標となる自己実現の欲求を満たすために、自分に合った努力を続ければよいのである。

本書は訳書にして500頁を超える大著だが、じっくりと読むうちに、人間とは何か、自分はどのように生きようとしているのかを、より正確に知ることができる。自分の欲求を整理し肯定することから、自分らしい生き方が見えてくるのである。

他人の欲求に正しく関心を持つ

著者の挙げた五つの基本的欲求のうち、3、4、5番目は他者との密接なかかわりが重要となる。「所属と愛の欲求」「承認の欲求」を満たすには、自分の欲求だけでなく、他人の欲求もきちんと理解しなければならない。また、5段階目の「自己実現の欲求」に関しても、良好な人間関係を持てるかどうかが重要なカギとなる。

本書は自分の欲求に関心を持つことから始まるが、これは他人の欲求に関心を持つことで完成するとも言えよう。本書に影響された私は、後に人間関係の本を書くことになるが、このことを「相手の関心に関心を持つ」と自著『ブリッジマンの技術』（講談社現代新書）で表現することにした。

「相手の関心に関心を持つ」とは「相手に関心を持つ」のとはまったく異なる。たとえば、相手に強い関心を持った結果、絶えず話しかけたとしよう。それだけでは満足せず、その人の自宅へ上がり込んで話をしようとしたとする。これではただの押し売りである。こうならないためには、「相手の関心に関心を持つ」というように「関心」が2回必要なのだ。

まず、相手がもともと関心を持っていることや、その人の好むことを正確に理解する。その結果、相手がしてほしいことを行い、してほしくないことは慎む。ここから、相手の中にある「所属と愛の欲求」と「承認の欲求」を満たす作業が始まり、欲求の5段階を登っていくのである。

3行で要約！
・よい人生を送るためには、五つの基本的欲求を満たし健康な心を持つことが重要
・自分が欲するものを整理して、まず肯定しよう
・人の関心に関心を持つことが、自己実現の欲求を満たす一番の近道

出典・ブックガイド

出典は『人間性の心理学』（アブラハム・マズロー著、小口忠彦訳、産業能率大学出版部／5000円）。マズローのおすすめ著作として『完全なる経営』（金井壽宏監訳、日本経済新聞出版社／2500円）、『完全なる人間』（上田吉一訳、誠信書房／2500円）がある。

ロマン・ロラン『ミケランジェロの生涯』

名文ピックアップ

美《うる》わしき姿態の偉大な創造者であると同時に偉大な信仰者でもあった彼にとって、肉体美は神聖なもの（中略）であった

どんな本か？

15世紀の天才彫刻家ミケランジェロは、ルネサンス史を彩るサンピエトロ大聖堂の「ピエタ」、システィーナ礼拝堂の「最後の審判」など数々の傑作を残した。しかし、実際のミケランジェロは気が小さく優柔不断。毅然とした行動はとれず、依頼を受けた仕事の多くを中途半端に投げ出す始末。作品から受ける力強く神々しいイメージとは裏腹な弱き人だ

った。フランスの文豪ロマン・ロランが、天賦の才と性格上の欠陥を持つゆえに翻弄されるミケランジェロの生涯を、畏敬《いけい》と愛情の念を抱いて余すところなく描いた。

世間と迎合しない天才タイプ

希代の芸術家ミケランジェロは、ルネサンス末期に由緒ある家柄の子として生まれた。しかし、彼には社会常識がまったく欠けていた。約束を守ることができず、契約書を交わした仕事も未完のまま放り出す。時には二股も三股もかけて約束を取り付けておいて、期日を守らない。臆病者にして猜疑《さいぎ》心の塊、等々。

こうした社会性欠如の根底には天才ゆえの生き方があったのだが、これを世界的文筆家である著者ロマン・ロランは格別な尊敬の念を持って解き明かす。

ミケランジェロはとにかく完璧な芸術品を作りたかったのである。自分では制御できない何ものかに衝き動かされ、狂おしいまでに制作に没頭した。ここには人徳を積んだ崇高な行動はなく、人並み外れて優れた技術だけを持った偏屈な才人の姿がある。

人間が生きるには、その人が最も大切にしている「生き方の旗印《はたじるし》」というものがある。ある人にとっては人望を集めることであり、別の人にとっては自分が優秀であることを示すことかもしれない。ミケランジェロの生き方の旗印は、完璧な作品を作ることだけだった。

彼の言い分はこうである。「ゲェテのように人望を求めもせず、またユーゴーのように市民を尊重もしなかった。光栄を軽蔑し、世間を軽蔑した。（中略）彼はやむを得ない時にだけ世間と交わり、それも知性的関係だけで、彼の内部に立ち入ることを許さなかった」（112頁）のである。

非社会的な数々の行動の背景には、自分のイメージに忠実な作品を作りたい純粋な気持ちがあった。その意味でミケランジェロは、どんなに有名になっても一人の職人に徹していた。「美《うる》わしき姿態の偉大な創造者であると同時に偉大な信仰者でもあった彼にとって、肉体美は神聖なもの（中略）であった」（79頁）。ここには小賢《こざか》しい知恵を一切持たず、美しいものだけを追求する自然人が脈々と生きている。

京大の私の周囲にも、こうした研究者が少なからず存在する。およそ世間と没交渉だが、見事な発想力と情熱を持ち、寝食を忘れて第一線の研究を行う。何ものかに取り憑《つ》かれたように仕事をするミケランジェロ型の人間は、結構身の回りにいるものである。天才タイプの人物とは往々にして社会常識を欠くものだと思えば、案外穏やかに見守ってあげることもできるのではないか。

身を削りながら一心不乱に仕事をした

ミケランジェロの生活は、世間的には「悲惨」そのものだった。周りの者たちは、彼にきちんと食べて寝るようしきりにすすめるのだが、一向に聞かない。はちきれんばかりのアイデアに衝き動かされ、つかの間の休息もなく、絶えず行動し消耗していた。

揚げ句の果てに、ローマ法王までもがミケランジェロの体を心配して休むように助言する。しかし、戦わなければ殺されてしまう兵士のように、彼は自分の身を削りながら一心不乱に仕事を続ける。

天才のクリエイティブな現場は、毎日が戦いの連続だ。法王ジュリオ2世の建造物の依頼に対して、彼は途方もない計画を立てた。ひと山の全部を彫刻して、遠く海からも見えるような一大巨像に変えようとしたのだ。

また、システィーナ礼拝堂に描かれた「最後の審判」の制作では、チームを組んだ画家たちを追い出してしまった。「彼らが描いたものをある朝全部けずり取らせてしまい、独りで礼拝堂に閉じこもって、(中略) はじめの予定だった天井ばかりでなく、側壁にも絵を描こうと決心した」(40頁)。ルネサンス当時でも、あまりにも常軌を逸した行動だったのである。

天井を描くために数カ月も仰向けになっていたミケランジェロの体は、完成後にはひどいものとなった。「腹は胸元にくっついてしまい、ひげは天を向き、うなじは肩にめり込んだみたいだ。（中略）筆から落ちる絵具の滴で、顔はモザイクの床のようだ」（47頁）。ロマン・ロランの劇的な表現に対する高田博厚の流麗な翻訳は、真にクリエイティブな人物の非日常的な生活について、隅々まで教えてくれるのである。

「時間の戦略」が欠如していた人生

フィレンツェのドゥオモ（大聖堂）には、ミケランジェロ最後の作品「キリストの降架」がある。これが天才の仕事かと息を呑《の》んだ私は、その瞬間ミケランジェロに関する文字情報など何の役にもたたないと言葉を失った。実物に初めて接した私は、深く感動したのである。

ところが、ミケランジェロには未完の名作が少なからずある。たとえばジュリオ2世廟《びょう》のための像3体、メディチ家廟の7体、ローレンツィアナ図書館の玄関、サンタ・マリア・ソプラ・ミネルヴァ教会の「キリスト」、バッチオ・ヴァロリの「ダヴィデ＝アポロ」……。

未完のまま終わった理由は、彼が無類の完璧主義だったからである。「幾度もやり直して結局完成しなかった。（中略）一度事を決めるとすぐそれを疑いだした」（17頁）のだ。

おまけにミケランジェロは頼まれたわけでもないのに、彫刻用の石材を運んだり、運搬用の道路を造る作業にまで出かけていった。作品にかかわるすべてを自分でコントロールしようとしたのであり、これでは時間がいくらあっても足りない。

もう一つ、彼の完璧主義から発生した「判断力の欠如」という問題がさらなる不幸を招いた。法王や各国の王侯貴族らから、おびただしい数の作品の依頼がきた。それらに対して、彼は自分のキャパシティを超えても引き受けてしまう。

新しい仕事を与えられると、ミケランジェロは子供のように熱中する。「時間の戦略」が完全に欠如している彼は、先ほどまで手掛けていた仕事をすっかり忘れてしまう。まるで夢中で遊んでいた玩具を片付けることなく、次々と遊びを変える幼児そのものではないか。

本書には時間の正しい配分をついに学ばなかった才人の末路が、赤裸々に描かれている。古都フィレンツェに残された数多くの中途半端な大作を見るにつけ、人生では完璧を求めるよりも、「不完全である勇気」を持つことがいかに大切かを、科学者の私は再度思い知ったのである。

3行で要約！

・天才型の人物は、往々にして社会常識を欠いている
・クリエイティブな現場では、身を削る覚悟で働け
・有意義な人生を送るには、不完全である勇気を持てるかどうかに尽きる

出典・ブックガイド

出典は『ミケランジェロの生涯』（ロマン・ロラン著、高田博厚訳、岩波文庫／560円）。ロマン・ロランのおすすめ著作として『ベートーヴェンの生涯』（片山敏彦訳、岩波文庫／660円）、『ジャン・クリストフ』1・2・3・4（豊島与志雄訳、岩波文庫／1：900円、2：1060円、3：1140円、4：1100円）がある。

ダンテ『神曲』

名文ピックアップ

私がこの重い罪を浄《きよ》めることのできるように

どんな本か？

35歳の主人公ダンテが生きたまま、死後の三つの世界、地獄・煉獄《れんごく》・天国を旅するという壮大な物語。「理性」を象徴する大詩人ウェルギリウスに導かれ、生前の罪に罰を受ける亡霊たちと会話を交わしながら、地獄の底まで到達する。次の煉獄では罪を償う人々と向き合う。最後の天国では、すでに昇天した、最愛の女性ベアトリーチェに導かれ、月光天・水星天などをめぐり至高天へと舞い上がってゆく。神の姿を垣間見たダンテは現世に戻り、正義の志に生きることを決意する。西洋世界の全てを詰め込んだ傑作。

地獄・煉獄・天国をめぐる壮大な旅

詩人ダンテは、フィレンツェ共和国で国務大臣に相当する要職に就《つ》き、政治の中枢にいた。ローマ法王に謁見するためフィレンツェを離れたときに政変が起き、祖国を永久追放されてしまう。その後、北イタリアを中心に放浪の生活をすることとなる。ダンテが35歳となった西暦1300年はキリスト教の大赦《たいしゃ》の年。そこでダンテは自らを主人公とする『神曲』を執筆した。同年齢の人物が死後の世界をめぐる壮烈な旅を、「地獄篇」「煉獄篇」「天国篇」の3部構成で描いたのである。

「地獄篇」で描かれる地獄は、地下へ細く伸びるじょうご型をしている。生前の行いで罰を与えられた亡霊たちにおびえながら、青年ダンテは蟻《あり》地獄のような地下へと降りていく。

しかし心配は無用だ。天の意向を受けた「理性」の象徴でもあるラテン文学の大詩人ウエルギリウスが尊師として導いてくれる。地獄で頼りになるのは、結局は理性なのである。

じょうごの底へ近づくほど罪は重く、その罰は目を当てるのもおぞましい。肉欲の罪、大食らいの罪、カネを貯め込む罪と使い込む罪、怒り狂う罪、暴力の罪、欺瞞《ぎまん》の罪、……。では、最大の罪はいったい何であろうか？　ここではあえて伏せておこう。

天国へ昇る前の罪を悔い改めるプロセスとして描かれた「煉獄篇」では、高慢、嫉《しっ》妬《と》、怒り、怠惰《たいだ》などが浄化される。ここには「私は賢い」と思ってしまう高慢の罪があるのだが、まさに古今東西の学者たちにピッタリ当てはまる。

私が『神曲』に出合ったのは40年ほど前の学生時代の講義である。比較文学者として著名な平川祐弘《すけひろ》助教授（当時）が古今東西の文学を講じる東大駒場での授業は、とても印象深いものであった。その平川先生の見事な新訳が河出文庫で刊行され、簡単に読めるようになった。

加えてこの版では、天才版画家ギュスターヴ・ドレの見事な挿絵とともに、『神曲』の不思議な世界をビジュアルに実感できる。脳裏に焼き付く煉獄の姿は、明日からの自分の行動を見直すきっかけとなるだろう。

天から地へと急落する擬似体験

『神曲』は、ダンテが失脚し、生きる術《すべ》を見失ったときに書かれたものである。失意のどん底で構想された物語は、天から地へ急落した人間の感覚について詳しく擬似体験できる。ダンテ自身が名声を追いかける空しさを謳《うた》いながら、その実、自分も名声の魔力から逃れられぬあがきが見え隠れする。「天国篇」に登場する水星天の住人は真の愛情を失った者だが、地上で名声を得ることばかりに奔走した人のなれの果てである。「この世で卓越した者になろう」という努力は、名声への欲望そのものである。

しかし、こうした努力は決して報いられることがない。「卓越した者」という評価は絶対的ではなく、時代によって一変してしまうものだからである。たいていの場合、後から出てくる優れた新人によって名誉は奪われる。地位も名声も価値観の変転によって空しく置き換わってしまうものなのだ。そして、これこそがダンテの人生であった。

こうした毀誉褒貶《きよほうへん》の移ろいについて、『神曲』は見事に描写する。もしダンテが人生半《なか》ばで失脚するようなことがなければ、こうした世界を身近にイメージすることは不可能だったのではないだろうか。ダンテのおかげで、後世のわれわれは得がたい人生の擬似体験をすることができるのである。

過去千年での最高傑作

ダンテは若い頃にフランチェスコ修道会とドミニコ修道会という異なる派の神学思

想を学び、両者から大きな影響を受けた。『神曲』3篇に描かれた世界は、ダンテの時代までのキリスト教神学に基づく壮大な精神的宇宙である。よって本書を丁寧《ていねい》に読めば、西洋思想の宗教基盤が何であったかが鮮《あざ》やかに理解できる。

さらに『神曲』には、ウェルギリウスだけでなく、ギリシャの詩人ホメーロスや哲学者アリストテレス、中世の神学者トマス・アクイナスなどの先達たちが煌《きらび》やかに登場する。日本で言うなれば「本歌取り」をしており、ギリシャ・ローマの古典古代から始まるヨーロッパの思想をくまなく知ることができる。

実は、ダンテは『神曲』を、ギリシャ古典のホメーロス作『オデュッセイア』や、ローマ古典のウェルギリウス作『アエネーイス』に匹敵する叙事詩にしたいという意図を持って執筆したらしい。幸い歴史の評価もそのように下り、ヨーロッパの三大叙事詩と言えば、これら3作が挙がるようになった。

西暦2000年というミレニアムの年に、ロンドンの高級紙タイムズが批評家に向けて面白いアンケートを採った。「過去千年での最高傑作」を問うたところ、『神曲』が堂々1位で選ばれたのである。若くして失脚し諸国を放浪せざるをえなかったダンテの思いは、現代のわれわれまで十分通じたのである。

本書からは、神と人に関する西洋で行われた思索の全体像を知ることができる。ダンテの生きた西暦1300年前後は、中世後期の文化が完成した時期と、ルネサンスとして新しい文化が芽吹く時期とが重なった時代である。その結果、『神曲』には古典古代の完成と新文化創造の両者がふんだんに盛り込まれているのである。

興味深いことに、書かれた言語は、当時の知識人の常用語であるラテン語ではなく、イタリア語だった。一人でも多くの人が読めるようにというダンテの配慮からだ。おかげで読者は、重厚なストーリーであるにもかかわらず身近に感じることができる。

古典中の古典としての評価が高い本書。「この一冊で西洋古典の全貌がわかる」と言っても決して過言ではないだろう。クラシックの圧縮版とも言える本書を通じて、ヨーロッパ思想の源流に触れてみてはいかがだろうか。

3行で要約！

・日常の自分はどの罪に当てはまるのか、想像して読むべし
・人生半ばで失脚した人間は何を考えるか、擬似体験しよう
・西洋古典の圧縮版として、ヨーロッパ思想の源流を学べ

出典・ブックガイド

出典は『神曲』地獄篇・煉獄篇・天国篇（ダンテ・アリギエーリ著、平川祐弘訳、河出文庫／すべて950円)。別訳として『神曲』上・中・下（山川丙三郎訳、岩波文庫／上：780円、中：840円、下：940円)、『神曲』地獄篇・煉獄篇・天国篇（寿岳文章訳、集英社文庫／すべて952円）がある。

オルテガ『大衆の反逆』

名文ピックアップ

大衆と優れた少数者に分けるのは、社会階級による分類ではなく、人間の種類による分類なのであり、上層階級と下層階級という階級的序列とは一致しえない

どんな本か？

民主主義と技術革新によって大衆が生み出され、その膨大なエネルギーが世界を無秩序に支配する危険性を論じた。自らの義務を避け直接行動に走る大衆の気質は、誰の中にもあることを指摘し、そこから抜け出す大切さも説く。１９３０年に刊行された本書は大衆の行動を冷徹に分析し、それに翻弄される社会を予言した。ルソーの『社会契約論』が18世

——紀を、マルクスの『資本論』が19世紀を明快に説明したように、20世紀の大衆社会への認識に大きな影響を与えた。ポピュリズムの根底を知るために必読の一冊。

大衆社会とはなにか

現代は大衆社会であると言われる。オルテガはこの大衆を「人類史が生んだ甘やかされた子供」（139頁）と呼ぶ。大衆は「自分自身に特殊な価値を認めようとはせず、自分は『すべての人』と同じであると感じ、そのことに苦痛を覚えるどころか、他の人々と同一であると感ずることに喜びを見出している」（17頁）のである。

オルテガは大衆が出現した原因として、民主主義、都市への人口集中、科学技術の発展、の3点を挙げる。特に、民主主義の浸透によって、「自分だけが存在していると思い込むようになり、自分以外の者の存在を考慮しない習慣、特に、いかなる人間をも自分に優る者とはみなさない習慣がついてしまう」（81頁）ということが起こる。

その結果、「完全な社会的権力の座に登った（中略）大衆というものは、その本質上、自分自身の存在を指導することもできなければ、また指導すべきでもなく、ましてや社会を支配統治するなど及びもつかない」（11頁）というアナーキーな世界が誕生してしまったのである。まさに今日の社会そのものではないだろうか。

オルテガはナチスが台頭し始めた1930年に、大衆による「野蛮な反逆」が起きる危険性を警告した。こうした現実を認識することから、すべてが始まるのである。

大衆は「きまり文句や偏見や思想の切れ端もしくはまったく内容のない言葉などの在庫品をそっくりそのまま永遠に神聖化してしまい、単純素朴だからとでも考えないかぎり理解しえない大胆さで、あらゆるところで人にそれらを押しつける」(99頁)。

すなわち、正しい判断を行うために知識や情報を得る努力をせず、思いつきで稚拙な結論を出す。その大衆が選んだ「社会的権力、すなわち政治はその日暮らしをしているのである。明快な未来像を示さず、未来を明確に予告せず、(中略)設計も計画もなしに生きている」(67頁)のだ。いわゆる人気取り競争やポピュリズムが支配する状況である。私は学生のころ、見田宗介助教授(東大教養学部・肩書は当時)の名講義「社会学」で本書を知り、現代社会の見方が大きく変わった。

個人の意識に「大衆」が潜んでいる

オルテガは、人は二つのタイプに分けられると言う。「第一は、自らに多くを求め、進んで困難と義務を負わんとする人々であり、第二は(中略)自己完成への努力をしない人々、つまり風のまにまに漂《ただよ》う浮標のような人々」(17〜18頁)である。

後者はまさに大衆の実体だが、よく言われるように「大衆は階級制度が生んだもの」とはオルテガは考えない。「社会を大衆と優れた少数者に分けるのは、社会階級による分類ではなく、人間の種類による分類なのであり、上層階級と下層階級という階級的序列とは一致しえない」（18頁）と喝破《かっぱ》する。

すなわち、大衆というマスがどこかに存在するのではなく、個人の意識に大衆という名のモンスターが潜《ひそ》んでいるのだ。換言すれば、ポピュリズムは自分の中にも隠れて存在するという認識が大切なのである。オルテガは「大衆の反逆」について、「真に反逆と呼びうるものは、人間が自己の運命を拒否すること、自己自身に対して反逆することと以外にはない」（164頁）と断言する。

では、こうした正しい認識を得た後は、いかに行動したらよいのだろうか。オルテガは、「時代遅れとなってしまった一つのイデオロギーに忠誠を守り、歴史を見るに当たってもっぱら政治または文化のみに注目し、それらは実は歴史の表面にすぎないのだということに気づか」（45頁）ない人たちへ、まず警告する。

すなわち、いま、目の前に見えているもの、目先のものだけに振り回されてはならないのだ。たとえば、近年の政治的・経済的混乱も、トランプ現象という単一の事件が問題なのではなかったことは周知の事実である。大衆社会が引き起こした構造的な問題に目を向ける強靭《きょうじん》な知性の必要性を、オルテガは説くのである。

スペインで生まれたオルテガは、27歳の若さで国立マドリード大学の哲学教授に就く。しかし彼は哲学者として象牙の塔で生きる道はとらず、眼前で起きている社会問題を思索の対象とした。新聞・雑誌などへ積極的に発言したオルテガの文章は、読者へ自分の考えを的確に伝えるため常に工夫された表現で書かれており、本書も大変に読みやすい。

公共に利する目標を示すリーダーを求める

現代社会では、かつてのように統治者が大衆を「世論に反して支配することはできない」（183頁）。大衆は「少数者に対して不従順となり、少数者に服従もしなければ、追従《ついしょう》も尊敬もしなくなったばかりか、その逆に少数者を押しのけ、彼らにとって代わりつつある」（27頁）。大衆を意のままにコントロールすることは、もはや不可能となったのである。

しかし、大衆と目標の一致をとり、進むべき方向性の統一を図ることは可能である。たとえば、具体的に達成すべき共通の課題を示し、それに向けて助言することはできる。もし、これができなければ「人間の共存は混乱に終わるであろう。いやそれ以下、つまり、歴史的無と化すであろう。（中略）誰か命令を下す者がいない場合は、それが欠ける度合いに比例して、人類は混乱の支配下に下ることとなる」（185頁）。

現実問題として出現してしまった大衆には、何らかの指導者が必要なのである。公共に利する目標を示すリーダーが出たとき、大衆はそちらへ向かって動き出す。過去にはファシズムや貧困との闘いが共通の課題となった。現在では、地球温暖化や食糧危機が目標となりうるだろう。

指導者は大衆に闘うべき敵を明示し、具体的な方法を提案し、きちんと理解してもらわなければならない。オルテガは大衆によって起きうる反逆を慎重に注視しつつ、わかりやすい共通の目標を掲げ、正しい方向へ導くことの重要性を力説した。

スペイン内乱やファシズムの誕生を間近に見たオルテガは、大衆社会が潜在的に持つ、途方もないエネルギーが、間違った方向に使われたときの混乱を危惧した。なお、ここでは膨大なエネルギーの存在が悪いのではなく、発散の仕方が問題なのである。民族や宗教の対立によって、無益な消耗が起こらないよう、上手に世界を導かなければならない。

本書は大衆社会を冷静に見つめ、舵《かじ》取りを考えるための必読書となった。オルテガの示した課題は21世紀まで引き継がれている。

3行で要約！

・大衆は、民主主義の豊かさが生んだ「甘やかされた子供」
・大衆の身勝手な行動パターンは、自分の中にも隠れて存在する
・大衆の膨大なエネルギーを導く共通の目標を設定せよ

出典・ブックガイド

出典は『大衆の反逆』（オルテガ・イ・ガセット著、神吉敬三訳、ちくま学芸文庫／880円）。別訳として『大衆の反逆』（寺田和夫訳、中公クラシックス／1450円）、『大衆の反逆』（桑名一博訳、白水Uブックス／950円）がある。

第3章

君たちはどう学ぶか

世阿弥『風姿花伝《ふうしかでん》』

名文ピックアップ

秘すれば花、秘せねば花なるべからず

どんな本か？

能を大成した世阿弥が、能の舞い方や役者の心の持ちようについて、父の観阿弥《かんあみ》から口伝で教示された内容を書きつづったもの。能が生き残るための戦略と戦術を示した、代々の能楽家に伝わる秘伝。7歳から50歳過ぎまで時期ごとの稽古《けいこ》の方法や、芸を見せる工夫について詳細に述べる。能楽の具体的な作法を論じつつ、彼の芸術論がくまなく展開される。能を舞う心得とともに、能役者としての生き方についても親身になって教え諭《さと》す。『花伝書《かでんしょ》』とも呼ばれ、書かれた本質は全ての舞台芸術に通用する。

「まね」から始まる「学び」

今から600年ほど前の室町時代に、能の修業や演出に関する方法論を記したのが本書である。古典芸能には洗練されつくしたムダのない型があるが、能を演じる際の体や心の動きを詳しく教授したものである。

作者の世阿弥《ぜあみ》は優れた役者であったが、希代の伝道者でもあった。芸術的な表現技術のみならず、芸事一般を学ぶ際の学び方の本質をも懇切丁寧に説く。新しいことを習得する場合のコツが些《いささ》かも古びていないことに、まず驚かされる。

たとえば本書の序章には「達人」という言葉が出てくる。現代と同じく、物事に上達した人という意味だが、本文には「名人」も登場する。これは達人より上の技術を持つ人のことで、達人から名人へ自らの芸を磨いていくことの重要性を諄々《じゅんじゅん》と説く。

ここに書かれた学習と上達のプロセスは、私の考え方と非常に近いものがあった。自分のやってきた方法はまちがっていなかったと勇気づけられた一冊であった。

世阿弥は、新しいことを学ぶときは、徹底的によいものをまねることをすすめた。どんな些細《ささい》なことでも写実的にまねてみよと述べる。写実とは、目に見える優れた点を素直に学ぶことである。写実を行うことで本質が身に付いてくると言うのである。

「学ぶ」という語は「真似《まね》ぶ」に由来する。真に似せることから真似ぶという言葉ができ、学ぶとなったと考えられている。学びの精神の元は、まさに真似る精神なのである。

こうした物まねを謙虚に続けていくことによって、最後には似せただけのレベルを超えた境地に達する。これを世阿弥は「似せぬ位《くらゐ》」(260頁)と表現する。この境地は、一生懸命学習した後に、技巧を超えて出現する。それはその人本来の持つオリジナリティと言えるのである。ここには合理的な思考法が流れており、学習の根本を教えてくれる。

「メタ認知」のすすめ

本書には「秘すれば花、秘せねば花なるべからず」という有名な言葉がある(「花伝第七」281頁)。秘密にしておくからこそすばらしいので、もし公開してしまったら花ではない、という意味である。

古典芸能には一子《いっし》相伝《そうでん》という戦略的な概念がある。芸にまつわる最も大事な奥義は公開せず、一人の子にだけ口伝《くちづた》えで教えるというものだ。本書もまさにその一つである。本書の存在が知られたのは明治期になってから。明治42年に写本が発見され『世阿弥十六部集』として刊行された。それまで本書の内容は子々孫々、秘密裏に伝えられていたのである。

世阿弥が一子相伝としていた考え方の一つに、「離見《りけん》の見《けん》」がある。61歳のときに著した『花鏡《かきょう》』に出てくる言葉だが、『風姿花伝』にその萌芽を読み取ることができる。

離見の見とは、役者が能を舞っている最中は、舞っている自分を冷静に見る別の自分が必要であり、能舞台すべてを一望するような別の認識主体が大切だ、ということである。それは観客の目でもある。舞っている最中の能役者を外部の視点で眺め、その観察結果を自分の舞にフィードバックさせることが重要なのだ。

これを現代心理学では「メタ認知」と言う。行動している自分を他人のように観察するもう一人の別の存在のことである。いわば自分の頭の上方に「心の眼」を据えて、この眼によって自分自身を客観的に見つめる作業を絶えず行うということである。

この考え方は、すべての知的生産で重要だ。本書には、能のみならず人間の行動観察に関するエッセンスが集約されている。

好機をとらえるしたたかな戦略論

世阿弥は、学んで身に付けた内容を、どのように世間へ披露すればよいかについても、親身になって教えてくれる。

能の観客に対していかにアピールし、人気を博すかを考察すると同時に、よい評判を維持するにはどうすればよいかを、具体的に教え諭す。芸のパフォーマンスからブランドの確立と維持までの戦略が、本書には盛り込まれているのだ。

これには本書が成立した時代背景が深くかかわっている。世阿弥は、室町幕府の3代将軍、足利義満の庇護《ひご》を受け、従来の申楽《さるがく》を発展させて能とし、大成した。しかし40歳を過ぎ、支持者の義満が亡くなった後は、時の権力を味方に付けるための方策を練る必要に迫られる。いくらよい演技をしても認められなければおしまいだ、という冷徹な論理が、本書の終盤に貫かれている。

こうした場合の状況判断について、世阿弥は「時分にも恐るべし」（285頁）と記す。すなわち、時機もしくは時の運というものが非常に大切だ、と説くのだ。たとえば、時の運が上昇し発展している場合には、得意な演目を派手に披露するのがよい。反対に、時の運が下降しているときには、あまり目立たない演目で控えめに見せることを推奨する。

ビジネスの世界で言えば、好況と不況に当たるだろうか。しかも、時の運の上昇期と下降期は、人間の力ではいかんともしがたいものである、と彼は断言する。したがって、時の運に素直に従いながら日常を送り、いずれチャンスが巡ってきたときに時流に乗ればよいという発想が生まれる。

本書には盛んに「勝負」という言葉が出てくる。能楽という一見すると優美な芸術も、実は勝負の世界のもの。能が社会で正当に評価され、長い間維持されるためには、兵法に劣らぬ戦略と戦術が必要だったのである。

こうした話は、学問や科学の世界でもまったく同じだ。自分は優れた研究をしている、といくら主張しても、世間で理解されなければ研究費もポストも付かない。私は『風姿花伝』を教授になってからあらためて読み返したのだが、世阿弥が本書で主張していることは人ごとにはまったく思えなかった。

世阿弥は本書の原型を、いちばん脂《あぶら》が乗った38歳の頃に書き上げた。その後も20年かけて書き直し、還暦近くで完成した。彼にとって『風姿花伝』とは、仕事と人生に関する手堅い戦略論でもあったのである。

3行で要約！

・「学ぶ」とは「まねぶ」、つまり真似ることから始まる
・自分の外の眼で、わが身の行動を客観的に冷静に観察せよ
・時の運には素直に従い、チャンスが来たら時流に乗れ

出典・ブックガイド

出典は『風姿花伝・三道』（世阿弥《ぜあみ》著、竹本幹夫訳注、角川ソフィア文庫／９２０円）。別訳として『風姿花伝』（野上豊一郎、西尾実校訂、岩波文庫／５２０円）、『花伝書』（川瀬一馬訳、講談社文庫／５２０円）、『古典を読む風姿花伝』（馬場あき子著、岩波現代文庫／品切れ）、『現代語訳風姿花伝』（水野聡訳、ＰＨＰ研究所／９５０円）がある。また、関連書籍として『すらすら読める風姿花伝』（林望著、講談社／１６００円）、『世阿弥』（山崎正和著、新潮オンデマンドブックス／１２００円）がある。

ハマトン『知的生活』

名文ピックアップ

莫大なお金を使いながら、ちっとも進歩のない無教養な金持連中もいます

どんな本か？

人生を知的に豊かに過ごすために必要な考え方とテクニックを示した自己啓発書の名著。架空の手紙で若者たちへ丁寧《ていねい》に教えるという形式で書かれ、時間術、健康法、読書の仕方、人間関係術、金銭の使い方など多岐にわたる項目について、親身になって教示する。いずれも著者の実体験から生まれた方法で、深い考察に貫かれている。生き生きと暮らし、自分の能力を最大限に生かし、知識だけに頼らない品性の備わった生き方をするための具体的な指南書でもある。大英帝国を作った人材たちの教養を垣間《かいま》見る好著。

よく遊び、よく学べ

「知的生活」とは人生を知的に生きることであるが、一言で表せば、仕事の「オン」と遊びの「オフ」とのバランスのよい生活、とも表現できよう。

「よく遊びよく学べ」――子供に対して言われる言葉だが、大人になっても本当は両方が大切だ。世の中にはオンとオフを上手に切り替えている達人がいる。1834年生まれの著者ハマトンは、まさにそのような人物であった。

ところで、オンとオフに関して興味深い逸話がある。「イタリア人は休むために働き、ドイツ人は働くために休む」という。単なる国民性の違いを表すだけでなく、二つの考え方の根底には「知的生活」に対する異なる世界観がある。

私はイタリア人の生きかたに心惹《ひ》かれることもあるが、ドイツ人の生きかたを採りたいと思う。というのは、前者では働くことが時間を切り売りするだけの仕事となる恐れがあるからだ。

ここで、「働く」と表現されている内容を二つに分けて考えてみよう。本書でハマトンが述べている内容を現代風に直してみると「かせぎ」（ｊｏｂ）と「はたらき」（ｗｏｒｋ）となる。

「かせぎ」とは、生きていくために必要な現金を得る仕事である。誰でも生きていくために「かせぎ」を無視することはできない。人間にとって不可欠なものであるが、時には自分にとってあまり意味のない仕事であったりもする。

これに対して「はたらき」には、別の大きな意味がある。自分の仕事が社会の中で何らかの役に立つということである。「はたらき」のために全力を尽くすことは、人生の喜びにほかならず、本書の主要なテーマでもある。

社会や人へ貢献しているという手応《ごた》えは、人を生き生きとさせる。こうした考えを持ち、努力しているときに、目の前の仕事は自然と「はたらき」となる。

実際には、「はたらき」をしても十分な報酬を得られないことがある。つまり、時には全然「かせぎ」にならないことさえ生じよう。しかし、おカネにならなくても、自分にしかできない仕事を成し遂げたときに、人は大きな満足を得る。特にそれが周囲に対して役立った場合には、その喜びは倍加する。

「かせぎ」だけでは貧しい人生に

一方、「かせぎ」の感覚だけで仕事をしたのでは、おカネさえ得られれば何をしてもよいという生き方になりかねない。今の世にこうした風潮があることは否めず、それが思わぬ大失敗を起こした事実を世界中の人が目撃してきた。

「はたらき」のない仕事は虚《むな》しいものである。聖書にも「人はパンのみにて生くるにあらず」という有名な言葉がある（申命記8章3、マタイによる福音書4章4）。たとえ金銭的な報酬が多くても、「かせぎ」だけでは貧しい人生しか現れない、というのはハマトンも繰り返し述べるところである。

そもそも人は誰でも一人では生きていけない。見えないところで多くの人に支えられている。こうした感覚は、自分もまた「はたらき」を行って社会を支えたときに得られるものである。先に紹介した神谷美恵子も同じことを言っている（第1章49頁参照）。

自分が誰かの一助になっていることを実感できたとき、この世に生まれてきた意味がはじめてわかってくる。実は、本当の意味での自己実現とは、「はたらき」の中から生まれるのである。こうした考え方が、「知的生活」を生み出す基盤となる。

私自身も大学教授として、講義や学生指導、火山の研究やフィールドワーク、論文や書籍の執筆など、さまざまな仕事をしている。その合間には確かに雑用や会議をこなす仕事が膨大にある。こうした「かせぎ」として行う業務の中に、少しでも「はたらき」の仕事領域を増やすことができないか、と日夜努力している。

たとえば私にとって科学のアウトリーチ（啓発・教育活動）は、「はたらき」の根幹にかかわる仕事である。科学に縁遠かった人たちが科学に触れ、科学の恩恵を得て、よい人生を送ってほしい。私はつねにそう願っている。また、「科学の伝道師」としての活動の中では、若く悩める人たちに対して、ハマトンの説く「知的生活」がいかにすばらしいかを伝えたいと思っている。

社会に対して意味のある足跡を残すことは、ひるがえって自分自身の「知的生活」につながる。全力で「はたらき」に参加することは、知的にまた豊かに生きるために非常に重要なことなのである。

知的生活のための投資は惜しむな

本書が優れているもう一つの点は、金銭の使い方といった、瑣末《さまつ》な行動についても著者の深い洞察が述べられていることだ。ハマトンは、貧乏であることが知的なものを遠ざけている現実を嘆く。

「富裕な人たちのほうが、金がなく、したがって教養を身につける機会にも乏しい人たちよりは、いわゆる知的な思考力がすぐれていることに気がつくことでしょう。（中略）考えの貧しさは、自由に使えるお金の乏しさに比例すると言って差し支えなさそうです」(248頁)。

まさに現代人にも通じる話ではないだろうか。かせいだおカネをどれだけ自分の教養のために支出できるか。そのことで、その人の将来が決まってくるのではないか。そこでハマトンは、かせいだカネは自己実現のために投資せよと説く。いくら莫大な資産を築いても、それを有効に使わなければ、「預金通帳上の数字」でしかない。

そしてこう結論づける。「派手にお金を使える人がすべて、立派な知的業績をあげているなどと言うつもりはありません。(中略)莫大なお金を使いながら、ちっとも進歩のない無教養な金持連中もいます」(248~249頁)。

バブル期に大金を得たにもかかわらず、知的な生き方がまったくできなかった人々を、私たちは少なからず見てきた。金銭の賢い使い方は、日常生活だけでなく、その人の品性にもかかわってくる。

「かせぎ」で得たおカネを、「知的生活」のために投資してはじめて「活きたカネ」になるのである。ハマトンの卓見は、現在でもまったく古びていない。


3行で要約!
・自分の仕事を、「はたらき」と「かせぎ」の要素に分けよ

・社会に貢献する「はたらき」は、人生の喜びにほかならない
・「かせぎ」で得たおカネは、知的生活のために投資せよ

出典・ブックガイド

出典は『知的生活』（フィリップ・ハマトン著、渡部昇一、下谷和幸訳、講談社学術文庫／１６００円）。関連書籍として『知的生産の技術』（梅棹忠夫著、岩波新書／８４０円）、『知的生活の方法』（渡部昇一著、講談社現代新書／７２０円）、『知的生産な生き方』（鎌田浩毅著、東洋経済新報社／１５１２円）がある。

岡潔『春宵十話《しゅんしょうじゅうわ》』

名文ピックアップ

人の心を知らなければ、物事をやる場合、緻密《ちみつ》さがなく粗雑になる

どんな本か?

数学は論理的な学問だが、研究を進めるうえでは「心の情緒」が大切である。心が豊かで情操教育がしっかりなされていることが、結果的には学問をする人を育てる。科学研究の現場では、無意識が十分に活動すれば、発見はひとりでに生まれてくる。ここでも情緒の安定が大切であり、四季の鮮やかな日本の風土は研究に適している。学問を育むには、人間の成熟を急がせるような知育偏重の英才教育をやめ、ゆっくりと着実な芽を育てる全人格的な教育に変えなければならない。日本人科学者が著したエッセーの白眉《はくび》。

「ひらめき」が生まれる時

数学は日常生活から最も遠い学問の代表である。『春宵十話』を著した岡潔は数学史に名を残す世界的研究者で、多変数解析函数の研究で文化勲章を受章した。本書はクリエイティブな発見の現場で何が起きているかを語るエッセーであり、数学者の頭の働きに関する興味深いエピソードが数多く述べられている。

著者はあるとき、数学の難問に取り組んでいた。「二時間半ほどこうして座っているうちに、どこをどうやればよいかがすっかりわかった。二時間半といっても呼びさますのに時間がかかっただけで、対象がほうふつとなってからはごくわずかな時間だった」（35～36頁）と語る。

この二時間半について、著者は詳しく説明する。「全くわからないという状態が続いたこと、そのあとに眠ってばかりいるような一種の放心状態があったこと、これが発見にとって大切なことだったに違いない」（36頁）。

理性の高度な発現である数学の発見も、実は直感から生まれるのである。多くのノーベル賞科学者が、受賞の対象となった発見は偶然の賜物であった、と述懐するのと似ている。著者はさらにこう述べる。「もうやり方がなくなったからといってやめてはいけないので、意識の下層にかくれたものが徐々に成熟して表層にあらわれるのを待たなければならない。そして表層に出てきた時はもう自然に問題は解決している」(36～37頁)。

発見を導いたのは、意識の世界ではない、意識を超えた領域にある無意識の世界だ、と言うのである。

「無意識」は20世紀の心理学で解明されたもの。無意識こそが人間の行動を操る要《かなめ》であり、無意識は意識よりも影響力が強いことがわかった。この発見は科学的に応用され、無意識に対する働きかけは「潜在意識教育」という言葉で盛んになった。たとえば、意識と無意識の間に横たわる膨大な潜在意識の領域を活性化し、創造的発見の成果を上げようとする科学者が出はじめた。岡潔は最も早い時期にこのことに気づいた数学者なのである。

私が本書と出合ったのは学生時代であった。まだ理系のエッセーが珍しかった頃で、彼の本はすべて貪《むさぼ》るように読んだ。特に、数学者が無意識の世界について深く思いを巡《めぐ》らせている姿がとても新鮮だった。学問の蘊奥《うんおう》を極めた研究者が、意識の先に世界に対して全精力を傾けている姿に、私は感動した。

思いやりを持つこと、情緒を整えること

著者の議論は学校教育のあり方へと発展する。本書から少し追ってみたい。「どうもいまの教育は思いやりの心を育てるのを抜いているのではあるまいか。そう思ってみると、最近の青少年の犯罪の特徴がいかにも無慈悲なことにあると気づく」(14頁)。50年近く前に書かれた文章だが、現在の学校教育を振り返ってみるとどうだろうか。著者のいう情緒を育む教育が根絶やしにされつつあることに、暗澹《あんたん》たる思いがする。続けて学習のイメージを、簡潔な言葉でつづる。

「乾いた苔《こけ》が水を吸うように学問を受け入れるのがよい頭といえる」(14頁)。「いま、たくましさはわかっても、人の心のかなしみがわかる青年がどれだけあるだろうか」(14〜15頁)。

美しい文章である。さらに著者はわかりやすく話を進める。「人の心を知らなければ、物事をやる場合、緻密さがなく粗雑になる。粗雑というのは対象をちっとも見ないで観念的にものをいっているだけということ、つまり対象への細かい心くばりがないということだから、緻密さが欠けるのはいっさいのものが欠けることにほかならない」(15頁)。

ここから著者の議論は一歩進んで、「情緒」の話題へ移る。「頭で学問をするものだという一般の観念に対して、私は本当は情緒が中心になっているといいたい」(15頁)。

「単に情操教育が大切だとかいったことではなく、きょうの情緒があすの頭を作るという意味で大切になる。（中略）学問はアビリティーとか小手先とかでできるものではないこともわかるだろう」（16頁）。

情緒という感覚の世界は、論理的な数学とまったく無縁のように思われる。しかし、火山学者の私も、優れた発想やアイデアは、落ち着いた気分のときでなければ生まれない。これはビジネスや行政の世界でも同じではないだろうか。新しい企画を出そうというときに、心配事や悩み事を抱えていては難しいだろう。「明日の頭を創る」には「今日の情緒」が必要なのである。

無心に研究をする喜び

本書が他の科学者の著作と異なる点は、四季の美しい日本の風土が科学的発見に欠かせない、としたことにある。京都帝国大学を卒業し、奈良女子大学で長年教鞭を執《と》っていた著者は、古都の文化を愛してやまなかった。専門から懸け離れた文系の分野にも造詣《ぞうけい》が深く、松尾芭蕉や道元禅師《ぜんじ》の著作を愛読し、彼らの著作からインスピレーションを得た数学者なのである。

春の野に咲くスミレの花は、何のために咲くのかなど考えてはいない。それと同じように数学をやって何になるのかなど考えずに無心にやるところがよい、と著者は言う。彼の言葉に従えば「数学を学ぶ喜びを食べて生きている」（33頁）のである。

本書を読むと、自然の豊かな日本の風土をあらためて認識する。私は大自然の中でフィールドワークをし、悠久の時をかけて作り出された火山を相手に、30年以上も仕事をしてきた。日本は世界有数の火山国であり、火山はその風土を作る主要な一員である。

こうした風土を意識する感覚を、抽象的な世界を扱う数学者と共有できること自体、私には驚きであった。心に余裕を持ち、周囲の美しい風景に気づく感性を忘れてはならないことを、本書は教えてくれたのである。

私は大学の講義で、しばしば岡潔の著作と人生について語る。彼は自然と人間の関係について真摯《しんし》な思索を行った数少ない科学者だからである。情緒の世界に包まれた彼の作品は、時代を超えて日本人に強く訴え続けている。

3行で要約！
・発見を導くのは、意識を超えた無意識だ
・学問は頭ではなく、情緒でするものだ
・四季の美しい日本の風土が、科学的発見を生み出す

出典・ブックガイド

出典は『春宵十話』（岡潔《きよし》著、光文社文庫／476円）。岡潔のおすすめ著作として『岡潔――日本のこころ』（日本図書センター／1800円）、『情緒と日本人』（PHP研究所／品切れ）、『春の草』（日経ビジネス人文庫／571円）、『春風夏雨』（角川ソフィア文庫／600円）、『風蘭』（角川ソフィア文庫／760円）、『一葉舟』（角川ソフィア文庫／960円）、『夜雨の声』（山折哲雄編、角川ソフィア文庫／640円）、『岡潔　数学を志す人に』（平凡社／1400円）がある。また、関連書籍として『人間の建設』（小林秀雄、岡潔著、新潮文庫／430円）、『岡潔――数学の詩人』（高瀬正仁著、岩波新書／品切れ）、『科学の価値』（ポアンカレ著、吉田洋一訳、岩波文庫／品切れ中）、『評伝　岡潔』星の章・花の章（高瀬正仁著、海鳴社／各4000円）、『数学する身体』（森田真生著、新潮文庫／490円）がある。

マックス・ウェーバー『職業としての学問』

名文ピックアップ

自分の仕事に就《つ》き、そして「日々の要求」に――人間関係のうえでもまた職業のうえでも――従おう

どんな本か？

第1次世界大戦に敗北した後のドイツで、社会学者・経済学者である著者が、迷える若者たちに向けて行った講演録。集まった聴衆は世界観を変えてしまうような話を期待していた。しかし著者はそれには応《こた》えず、学問は地道であるべきだと語る。大学は本来の学問をすべきところであり、政策を提言するところではない、と。学者としての確固たる信念の

下に王道の学問論が展開されるが、一方でビジネス界への目配りも忘れない。著者の思想は20世紀の社会科学に大きな影響を与えた。

学問は人を幸福にする

社会科学界をリードする55歳の著者は、まず専門を究《きわ》めなければ学問にはならない、と青年たちへ熱く語る。「学問がいまやかつてみられなかったほどの専門化の過程に差しかかっており、かつこの傾向は今後もずっと続く」（21頁）と予言する。「実際に価値ありかつ完璧《かんぺき》の域に達しているような業績は、こんにちではみな専門家的になしとげられたものばかり」（22頁）だからである。

その結果、いつの時代にも学者には「貴族的」な生き方が求められる。「われわれは学問的訓練が、ドイツの大学の伝統が示すように、本来アリストクラティックな仕事であることを認めざるをえない」（19〜20頁）。これは本書の刊行から百年近く過ぎた現在でもまったく変わっていない。

そのため、学者の態度としては、「自己の全心を打ち込んで、たとえばある写本のある箇所の正しい解釈を得ることに夢中になるといったようなことのできない人は、まず学問には縁遠い人々である」（22頁）と著者は断言する。

次に学問の意義について、人間の生活を「主知化」し「合理化」する極めて大切なものと述べる。すなわち、人生に「神秘的な、予測しえない力がはたらいている道理がないということ、むしろすべての事柄は原則上予測によって意のままになるということ、――このことを知っている、あるいは信じているというのが、主知化しまた合理化しているということの意味なのである」（33頁）。

私が著者を知ったのは大学2年、折原浩《おりはら》先生（東京大学教養学部助教授）の講義だった。折原先生はウェーバーに倣《なら》い、真摯《しんし》に学問することを実践しておられた。本物の学者とは、学問が人間を幸福にする力があることを「知っている、あるいは信じている」人たちなのである。

著者はこの学問こそが世界を魔術から解放すると考え、「何千年来西欧文明のうちに受けつがれてきたこの魔法からの解放過程」（33頁）が学問の歴史であると力説した。ここには、私たち科学者が、古代ギリシャ以来積み上げてきた科学的知識の力を信じ、世界を理解し変革しようと努力してきたのと同じ姿がある。

「指導者」よりも「教師」を求めよ

学問を職業とする仕事の代表は大学教師だろう。著者は学問の目的を意識しながら、学者がすべき仕事を明確に規定する。ドイツ敗戦後の混乱の中で講演を聴きに来た青年たちは、地道に学問をする教師の代わりに、世界を動かしてくれる指導者を求めていた。言い換えれば、精密な事実の探求に基づいた「学識」ではなく、自分を揺り動かしてくれる「体験」を求めたのである。このような若者たちに向かって、著者は冷や水を浴びせる。「政策は教師の側からいっても教室で取りあげられるべきものではない」（48頁）。「まことの教師ならば、教壇の上から聴講者に向かってなんらかの立場を（中略）強いるようなことのないように用心するであろう。なぜなら、『事実をして語らしめる』というたてまえにとって、このような態度はもとよりもっとも不誠実なものだからである」（49頁）。

著者は戦争に負けて右往左往する知識階級を憂い、「予言者や煽動家は教室の演壇に立つべき人ではない」（50頁）とも喝破する。「大学で教鞭をとるものの義務は（中略）知的廉直《れんちょく》ということだけ」（49頁）だからである。

そして本書はこう締めくくられる。「自分の仕事に就《つ》き、そして『日々の要求』に——人間関係のうえでもまた職業のうえでも——従おう」（74頁）。当代随一の学者であった著者は、教師の代わりに指導者を求める当時の風潮を、知的な弱さであると一蹴し、浮き足立つ青年たちへ学問に戻れと諄々《じゅんじゅん》と説いたのである。

思いつきが大切なのは、学問もビジネスも同じ

経済学者でもある著者は、ビジネス世界にも目を向け、「発想力」について明快に論じる。「すぐれた学者でありながらよい思いつきをもつことができない人もある。しかし、もしこれが学問のばあいだけで、たとえばビジネスの事務所では、実験室とことなりそういうことはおこらないと思うなら、大間違いである」（25〜26頁）。

つまり、「人はとかく学者の生活が実社会の諸問題に直面する事業家の生活などにくらべていっそう霊感を必要とするもののように想像するが、事実はけっしてそうではない」（26頁）のである。私は優れたビジネスパーソンに出会うと、学問の世界におられたらさぞかしクリエイティブな業績を上げただろうと想像することがある。大学へ引っ張ってきたい方が、実業界には大勢存在するのである。

学問の世界では、「なにか有意義な結果を出すためには、（中略）思いつきを必要とするのである。とはいえ、この思いつきというものは、無理に得ようとしてもだめなものである」（23〜24頁）。実は「学問上の霊感はだれにでも与えられるかというと、そうではない」（26頁）。これは私が日常、火山研究の現場で苦労していることでもあ

る。

著者はクリエイティブな現場について見事に記述する。「一般に思いつきというものは、人が精出して仕事をしているときにかぎってあらわれる。もちろん、いつもきまってというわけではないが」(24頁)。この「いつもきまってというわけではないが」という言葉に、私は著者一流のユーモアを感じてうれしくなる。

また創造の現場に関する助言が与えられる。「よい思いつきは、(中略)ソファの上で煙草をのんでいるときとか、(中略)ダラダラ登りの道を散歩しているときとか、一般にそういったばあいにあらわれることが多い。とにかくそれは、人が机に向かって穿鑿《せんさく》や探究に余念ないようなときにではなく、むしろ人がそれを期待していないようなときに、突如としてあらわれる」(25頁)。これも科学の現場とまったく同じであることに驚かされる。

さらに幸運の重要性についても語る。「探究を怠《おこた》っているときや、なにか熱中する問題をもっていないようなときにも、思いつきは出てこない。(中略)こうした『霊感』が与えられるかいなかは、いわば運しだいの事柄である。学問に生きるものは、この点でも僥倖《ぎょうこう》の支配に甘んじねばならぬ」(25頁)。

最後は運を天に任す点も科学者と似ているが、その前にひとかたならぬ努力が必要なのは言うまでもない。学問の世界は実社会と何一つ変わらないのである。

3行で要約！
・学問は世界を魔術から解放し、人間の生活を合理的にする
・世間に扇動されることなく、日々の仕事と学問に戻れ
・学問もビジネスも、努力と運でアイデアを得よ

出典・ブックガイド

出典は『職業としての学問』（マックス・ウェーバー著、尾高邦雄訳、岩波文庫／460円）。別訳として『仕事としての学問　仕事としての政治』（野口雅弘著、講談社学術文庫／880円）、『新装版　現代訳　職業としての学問』（三浦展訳、プレジデント社／1100円）、『職業としての政治　職業としての学問』（中山元訳、日経BP社／1600円）がある。また、ウェーバーのおすすめ著作として『職業としての政治』（脇圭平訳、岩波文庫／480円）、『プロテスタンティズムの倫理と資本主義の精神』（大塚久雄訳、岩波文庫／1080円）がある。

福澤諭吉『学問のすゝめ』

名文ピックアップ

自由と我儘《わがまま》との界《さかい》は、他人の妨《さまたげ》を為すと為さざるとの間にあり

どんな本か？

新しい社会をどのように創り、その中で人はいかに生きるべきかを論じた明治時代の啓発書。日本が西洋列強の中で生き残る方法について、鋭い批評精神と卓抜な表現でつづる。学問の大切さをベースとし、庶民にも手の届く「実学」の重要性を説いた。この実学により自己の能力を点検し、生き方を柔軟に組み替えるのである。また、開国直後の日本の現状を憂い、適切なコミュニケーションをとる方法も指南する。福澤が本書で薦める知的生産に関する方法は、驚くほど現代でも通用する。

明治時代からの「学び」のバイブル

「天は人の上に人を造らず、人の下に人を造らず」という有名な書き出しで始まる本書は、明治時代に22万部という驚異的な部数を刊行したベストセラーだ。人口比で現代に換算すると80万部を超える、自己啓発本の元祖でもある。

論吉は、人の価値は生まれながらのものではなく、学問を習得した度合いによって決まると説く。17編で構成される全編を通して、学力ある人の尊厳が熱く語られる。人間を身分や家柄ではなく実力で判断する業績第一主義の嚆矢《こうし》でもある。

論吉の言う学問とは、「実学」のことである。和歌や王朝文学など特権階級が享受してきた学問ではなく、庶民が生きていくうえで必要な、今の時代に即したものである。読み書き算盤《そろばん》に始まり、地理学、究理学（物理学）、経済学が含まれ、これらを西洋の翻訳書からまず学べと説いた。米国やヨーロッパをじかに見てきた論吉にとって、西洋世界で研究されている諸学問はすべて実学なのである。

こうした実学を身に付ければ変転する世界にも自由自在に対応できる、と論吉は考えた。仕事でも人生でも、最初に立てた計画はしばしば現実の思わぬ展開に裏切られる。予測と異なる方向に進み、当初の目標を大幅に変更せざるをえない事態も生じる。

ここで大切なことは、「棚卸《たなおろ》し」すなわち点検のし直しである。実学を唱える者らしく、商店の棚卸しを例にわかりやすい表現でつづられる。商品が棚卸しを定期的に行うのと同様に、自分自身が持っている能力の点検を怠るな、という意味である。

本書は当初、第一編が新設される学校のために書かれたものだけに、教育者らしい配慮が随所に見られ、自分の能力の過不足を正確に把握することを強くすすめる。仮に「役員になる」という目標を立てても、それに見合う実力・人望・教養が備わっていなければ、実現はおぼつかない。

よって能力点検をマメに行い、人生の棚卸しをしながら今なすべき仕事をきちんと特定せよ、と助言する。これは『論語』でいう「下学上達《かがくじょうたつ》」（現在のポストでよい仕事をこなし、いずれ上位に達する）の姿でもある。

こうした「棚卸し」の方法は、実は理系の実験システム組み替え技術とまったく同じである。何か実験をやってみた結果、どうやっても成功しなかったら、全面的に変える決断をする。実験材料や個々の器具だけでなく、発想そのものを変えた計画を作り直す。

ここで小手先の修正をしていたのでは、同じような失敗を繰り返しかねない。したがって、いわばシステム全体を抜本的に変えてしまうのである。私は常々「システムの組み替えは臨機応変に、大胆に」と主張しているのだが、そのルーツは本書にあったのである。

真の「自由」とはなにか

明治に入り、「自由」という言葉は非常に重要なものとなった。人々が自由とは何かを知らなかった頃に、諭吉は自由の意味を厳しく定義する。「自由と我儘《わがまま》との界《さかい》は、他人の妨《さまたげ》を為すと為さざるとの間にあり」（8頁）。すなわち、他人に迷惑をかけるか否かの判断が大切なのである。

当時も今も、自由の名の下に何をしても許されると勘違いしている輩《やから》は多い。自分で稼いだおカネだからと酒を浴びるように飲み、やりたい放題の遊興をする。しかし、一人の放蕩《ほうとう》は多くの人がまねるところとなり、いずれ社会を乱す。したがって、こうした行為は、決して自由とは認めない、と彼は毅然と言い放つ。

諭吉は本書で「分限」という言葉を使って自由の限界を示す。自分が使える自由はその人が負える責任に比例する、と彼は考える。この意見には私も大賛成で、「俺の自由だろ！」と声高に叫ぶ周囲の若者に対して、日頃から「後始末が自分でできるのか」と自重を促してきた。他人には迷惑をかけないという責任が取れないのであれば、自由は行使できない。それが西洋社会で長い時代を経て培《つちか》われた契約のルールでもある。

また、自由には、「身体、知識、情欲、至誠、意志」の五つの要素があり、他人のこれらの要素を妨害しなければ、自分は自由でいられると説く。ここに、至誠と意志が入っているのがいかにも諭吉らしい。本書ではこうした具体的な指示が満載され、時代を越えて多くの若者の心に響いてきた。そして、自由の意味を定義し世界に通用する人材を説く稀有《けう》のビジネス書となったのである。

プレゼン力向上のすすめ

諭吉は開国後の日本の現状を憂い、コミュニケーションを的確にとる方法について詳しく指南する。他人の意見を丁寧に聞き、相手の人格を認め、自分の意見もはっきり伝えられる人がもっと増えなければならない、と説く。最終の第17編「人望論」の中で、彼は「社交」の重要性を力説する。

特に、「黙っていても誰かが自分を認めてくれるはずだ」という日本人特有の美学は間違っていると断言し、何も行動を起こさない人々を鋭く批判する。ここには日本のみならず世界に通用する人間評価の視座がある。

自分の能力を他者へきちんと説明できることは、本当はとても大切なことである。学力や教養や人格は、その人が努力して身に付けた結果であり、正当に評価される必要がある。自分が得た能力は、いわば幹から栄養を集めて咲いた花であり、それを何の理由で恥ずかしそうに隠すのだろうか、と。

そして自分を正当に認めてもらうためには、「言葉を選ぶ訓練をせよ、明るい表情で話をせよ」とも説く。彼は実際に欧米人に接した経験から、国際間に通用するコミュニケーションの基本を開陳する。140年以上も前に書かれたとは思えない細やかな指示が出されるのである。

諭吉は、学問を身に付け、さらにコミュニケーション技術を身に付けた人間が、日本のために献身的に働くことを期待していた。彼は旧体制にしがみつく人々を、至る所で批判しながら、今後の日本のあるべき姿を明確に示した。諭吉自身がこうした生き方を見事に実行したのであるが、その原点は本書にすべて込められているのである。

3行で要約！
・自己の能力をつねに点検し、生き方を柔軟に組み替えよ
・自分が使える自由は、自分の負える責任に比例する
・活躍するための自己アピールは、惜しみなく開示せよ

出典・ブックガイド

出典は『学問のすゝめ』（福澤諭吉著、慶應義塾大学出版会／1000円）。同書は別版として『学問のすゝめ』（岩波文庫／780円）、『学問のすゝめ』（伊藤正雄校注、講談社学術文庫／1160円）、『学問のすすめ』（岬龍一郎訳、PHP文庫／品切れ重版未定）、『現代語訳　学問のすすめ』（齋藤孝訳、ちくま新書／820円）などがある。

デューイ『民主主義と教育』

名文ピックアップ

教養は、人格的なものでもある。つまり、それは、思想や芸術の鑑賞や広い範囲にわたる人間の関心事に関して修養をつんでいることなのである

どんな本か？

米国のプラグマティズムを代表する哲学者が、自由と民主主義の時代にふさわしい教育について考察し、具体的に提言した。教育には、生計を得るための技術習得と人格を豊かにする教養の両方が不可欠だ。また、誰もが興味を持ち効果的に学習できる教材を用意する必要がある。大衆化の時代には、教育制度以外の知的な社会環境を作ることも重要である。

――経験重視の実践的な考え方は米国の教育界に大きな影響を与え、新しい教育理念として全世界へ普及した。

「教養」の教育とはなにか

20世紀は民主主義の時代である。デューイは20世紀前半にアメリカで活躍した哲学者で、プラグマティズム（第4章180頁参照）に基づく進歩的な教育運動を進めた。本書は自由と民主主義の時代にあるべき実践的な教育について、さまざまな例を挙げて自由闊達《かったつ》に論じたものである。

19世紀までの教育は、人が生産するために必要な能力を獲得することを主な目的としていた。だが、それだけでは不十分であると著者は考える。

すなわち、民主主義が広まる前には、高い階層の人間にのみ豊かな人生が与えられ、低い階級は働く技術だけあればよいという考え方があった。これは「貴族主義社会を特色づけている大衆蔑視の価値観」（上巻196頁）に由来したもので、新しい時代には、誰もが人格的に豊かな生き方をするための教育が必要である、と著者は説く。

そのためには、万人に対して「教養」の教育が必要となる。ここで教養とは「育成されたもの、成熟したものを意味する。つまり、生のものや、未熟なものに対立するのである。（中略）また、教養は、人格的なものでもある。つまり、それは、思想や芸術の鑑賞や広い範囲にわたる人間の関心事に関して修養をつんでいること」（同195頁）でもある。

現代でも、職業教育など目に見える能力の獲得だけが重要視されるきらいがある。しかし、本来はその人らしい「独自の能力を発達させる機会はすべての人に与えられるべき」（同196頁）なのであって、著者のこうした考え方は、現代人が自分を高めていく自己啓発の際にも当てはまるだろう。

そもそも勉強は学校時代で終わりではなく、一生にわたって不可欠なものである。自分の仕事に必要な知識だけでなく、幅広い教養を身に付ける学習も続けなければならない。

より高いレベルの仕事をするうえでも、よい人脈に恵まれるためにも、また、豊かな人生を送るためにも、専門と教養とのバランスのよい勉強が一生にわたって意味を持つのである。私自身、大学の教養科目として地球科学を教えているが、講義の中でこうしたバランスの取れた勉強法をいつも学生たちにすすめている。

エデュテインメントで効果的な教育を

著者は教育の具体的な方法論に関しても提言する。19世紀までの教育では「持続的注意力の発達」が重要視されたが、プラグマティズムを標榜する著者は、これでは不十分であると考える。「生徒に学習すべき学課をただ呈示するだけでは、それだけ学習または研究という行為は不自然なものになり、効果のないものになる」(同216頁)からである。

教育は学習者の頭が活性化し、一定の効果が上がることを目標とする。「精神を発達させ、鍛えることは、そのような活動を引き起こす環境を用意することなのである」(同221頁)。こうした環境を作り出すものとして、著者は学習者の興味を引き出す具体的な方法に焦点を当てる。

「興味(interest)という語は、語源的には、間にあるもの――もともとは離れている二つのものを結びつけるもの――を暗示する」(同204頁)。このように学習者に興味を喚起させ続けるためには、優れた「教材」が必要となる。そして「教材すなわち資料や観念は、その価値を実験的に吟味されなければならない」(同298頁)のである。

生徒の興味を引き付ける教材を用意するという考え方は、現代風に言えばエデュテインメント（edutainment）である。これはエデュケイションとエンターテインメントの合体語であるが、いわば「面白くてタメになる」教材を用意することに当たる。著者のプラクティカルな教育理念は、その後、米国の小学校から大学までの教育に反映されるようになった。

共同体の構成員を育てる

さらに著者は、教育を一個人という視点ではなく、人類全体というマクロな視点でもとらえる。「人間の場合には、肉体的存在の更新に、信念や理想や希望や幸福や不幸や慣行の再生が伴う。どんな経験でも社会集団の更新を通じて連続するということは文字通りの事実である」（同13頁）。ここから社会教育の発想が生まれ、社会に対してどのような教育を行うかが次のテーマとなってきた。

ここで著者は新たに「共同体」というキーワードを提起する。「人々は、自分たちが共通にもっているもののおかげで、共同体の中で生活する」（同16頁）。すなわち、生まれたままの状態から、教育によって初めて共同体の構成員となるのだ。「社会は、まだその仲間入りをさせられていない、外見的にはよそ者のようにみえる人間を、その社会自身の資産や理想の健全な担い手につくり変える」（同25頁）のである。

民主主義時代の教育は、制度としての個人教育に留まらず共同体を作り出すことにある、と著者は考えた。すなわち、非制度的な社会環境、いわば知的な共同体を作ることが目標となるのである。

そして各人が社会や共同体に貢献することが、教育の最終目標となる。「有意義な人格的性質をもっている個人によって構成されている社会でなければ、真に貢献するに値する社会などありはしない」(同196頁) からだ。

著者の考え方は米国の教育界に大きな影響を与え、20世紀大衆化社会の教育理念としてさらに全世界へ普及した。たとえば、「教育課程は、現存の社会生活の必要に学科を適応させることを考慮して計画されなければならない」(同301頁) と説明されるようなプラクティカルな教育が米国の初等中等教育に浸透し、世界的なレベルの大学がたくさん生まれたのである。

民主主義の拡大とともに、著者が目指した知的な社会環境が徐々に醸成されてきた。そして、公教育以外にも自己啓発や生涯教育が必要なことは、知的な人々の間では当たり前となった。「知的な社会環境」を作る必要があるという著者の主張は、現在でも引き続き重要な課題となっている。

3行で要約！
・生計を得る技術の修得と、人格を豊かにする教養の両立が大事
・「面白くてタメになる」教材をいかに用意するか
・社会全体を向上させるための「知的な社会環境」を確立せよ

出典・ブックガイド
出典は『民主主義と教育』（ジョン・デューイ著、松野安男訳、岩波文庫／上：900円、下：780円）。別訳として『民主主義と教育』（金丸弘幸訳、玉川大学出版部／4500円）がある。また、デューイのおすすめ著作として『経験と教育』（市村尚久訳、講談社学術文庫／760円）、『学校と社会』（宮原誠一訳、岩波文庫／720円）、『哲学の改造』（清水幾太郎、清水禮子訳、岩波文庫／品切れ）がある。

ルソー『学問芸術論』

名文ピックアップ

肉体の欲求は社会の基礎となり、精神の欲求は社会の魅力となる

どんな本か?

近代思想に大きな影響を与えたフランスの作家ルソーの処女作。退廃的で贅沢《ぜいたく》で不平等な社会を批判し、そこから生まれる学問と芸術を否定した。一方で、自然人の純朴な生き方と人徳を賛美し、政治や教育における価値の転換を促した。当時の思想界は啓蒙主義の全盛期だったが、これに迎合せず野心的な議論を展開した。40頁ほどの小論文であるにもかかわらず、刊行と同時に大反響を起こした。後年「自然に還《かえ》れ」と説く著者の思想の萌芽が、すでにここに現れている。

まだ無名だったルソーのデビュー作

ルソーは社会制度や教育に関する近代的な概念を与えた思想家である。本書は彼のデビュー作だが、後年の革新的な思想のエッセンスがすべて盛り込まれている。

1749年にフランス・ディジョンのアカデミーは懸賞論文を募集した。「学問と芸術は習俗の純化に寄与したか否か」という題目に対し、ルソーは学問や芸術に否定的な結論を導く論陣を張った。翌年、この論文が当選し、彼は一躍有名になった。人生遍歴を重ねながら思索を続けていた無名のルソー38歳の出来事である。

本書は学問の進歩がもたらす弊害を強調した。傲慢な精神が身に付き、贅沢が蔓延し、習俗を退廃させたと論じたのだ。富める者が奢侈《しゃし》にふけり、人間の不平等が拡大した。人間が本来持っていたはずの自由で幸福な状態を、学問の進歩が奪ったと大胆に説く。何と「学問が不平等を生んだ」という論陣を張って常識を覆《くつがえ》したのである。この考えは5年後に『人間不平等起源論』として結実する。

学問の進歩を否定する人は多くはないだろうが、学問が人間の不平等を生み出したという斬新な見方は、学閥の弊害など現在も少なからず当てはまる。学問の本当の貢献は何かを考えるうえで、ルソーは非常に重要な提起をしたのだ。

学問は玩具、一度捨ててみよ

二つ目のテーマは人間教育である。ルソーは後年、長編小説『エミール』に理想的な教育を描いた。従来の考えと真っ向から対決する画期的な教育法が展開されたのだが、その萌芽が本書にも現れている。

ルソーは知識の教育よりも徳の教育がはるかに大事だと考えた。というのは、当時の学校教育は知育に偏重していたからだ。ここで徳とは「厳格な習俗、誠実、歓待、正義などが認められ」（113頁）ることである。ルソーは徳の育成を人間教育の柱にすべきであり、当時の学問芸術は単なる貴族の自己満足でしかない、と厳しく指弾した。

だが、彼はすべての学問を否定したわけではない。デカルトやニュートンのような「人間精神の栄光のためにさまざまな記念碑を築きあげることがふさわしい」（36頁）少数の者は学問をする意味がある、とした。そしてアカデミーのような高等教育機関は必要だと論じたのである。

ルソーにとって当時の貴族や学者の学問は、なくても困らない玩具のようなもので、一度捨ててみるべきものとみなした。市井の人間に必要でないものをまず取り去ってみよ、と主張したのである。長年染みついた文化のしがらみを捨てると、本当に行うべき教育が見えてくる。

そして彼は、人が自然の無垢な状態で学ぶ姿勢が最も重要であると考えた。ルソーには原始状態への強い憧憬があった。「古代人の粗野を通して、彼らの多くのうちに、きわめて偉大な徳」（113頁）が確認できる。したがって原始人の幸福な無知の状態のほうが、文明社会よりもはるかに良いと結論づけたのである。

「自然に還《かえ》れ」というフレーズは、ルソーの思想を端的に示した表現である。人の社会が築き上げた人為的な因習から脱却し、自然に近い状態へ戻ることをすすめるものだ。自然と離れることなく、知育に偏らない徳育とのバランスを取る必要があることを、本書は教えてくれる。

確かに学問が進むと人は傲慢になり、自然に対する畏敬の念を失ってゆく場合がある。私自身も火山の研究をしながら、痛切にこのことを感じる。「火山学」が明らかにしたことは、自然の造形メカニズムのごくわずかでしかない。野外で何カ月もフィールドワークに没頭していると、自分が拠り所としている学問の小ささを思い知らされるのだ。

こうした感覚は、自然の中に深く分け入って仕事をしなければ得られない。私は本書に出合って初めて、自然に還り良心の声を聴くべきであるというルソーの主張を、明確に意識するようになった。

読書とは、自分が何となく薄々と感じていたことを定着させる役目も果たす。私にとって思想家ルソーは、無意識から意識への定着の手助けをしてくれた貴人《きにん》だったのである。

反対論を論破し、思考を洗練させた

本書の基となる懸賞論文を出す前に、ルソーは友人のディドロに相談し、次のように考えをめぐらせた。「学問と芸術は習俗の純化に寄与したか否か」という題目に対して、もし「寄与した」という立場で書いたら、正当ではあるが誰が書いても似たような論説になる。一方、「寄与しなかった」という立場で書いたら、ユニークな論が出来上がる。

つまり、ルソーは世間と異なる考えで議論を展開したからこそ、画期的なアイデアを数多く生み出したのである。ここには優れた発想法の原点がある。

最初に思いつく常識的な考え方を、まず否定してみる。すると意外な世界が広がってこよう。ここでは当たり前の前提を敢えてひっくり返して考えることがポイントだ。

革命的な思想は、つねに常識を覆すことから誕生するのである。

このエピソードには、人を説得するディベート術の基本がある。ディベートでは、自分の持つ考えはさておいて、ある立場を取って論陣を張る。しかも、まったく逆の立場に立った論も主張できなければならない。こうして立場を正反対にスイッチしてみると、思いもかけない世界が見えてくるのである。

本書の刊行後、ルソーの考えには賛否両論が数多く寄せられた。個人的な手紙もあったが、ルソーはこれらに対して丁寧に回答し、否定論の一つひとつを論破していった。そのやり取りも本書では訳出されている。

ルソーは常識を真っ向から否定する反論を開陳することで、未熟だった考え方を整理し、説得力を増していった。一連の華々しい論戦によって、ルソーはたちまち論壇のスターとなった。ディベートを続けながら自らの思想を磨いていく過程は、現代人が読んでも大いに参考になるに違いない。

3行で要約！
・学問の進歩が、一方では人間の不平等を生んだ
・「自然」と離れることなく、知育に偏らない徳育が重要
・常識と異なる立場が、思わぬ発見を生む

出典・ブックガイド

出典は『学問芸術論』（ジャン＝ジャック・ルソー著、山路昭訳、白水社／品切れ中）。別訳として『学問芸術論』（前川貞次郎訳、岩波文庫／品切れ中）がある。また、ルソーのおすすめ著作として『人間不平等起源論』（中山元訳、光文社古典新訳文庫／780円）、『社会契約論／ジュネーヴ草稿』（中山元訳、光文社古典新訳文庫／960円）、『社会契約論』（作田啓一訳、白水Uブックス／1200円）、『言語起源論 旋律と音楽的模倣について』（増田真訳、岩波文庫／580円）、『孤独な散歩者の夢想』（永田千奈著、光文社古典新訳文庫／990円）がある。

第4章

発想法を転換せよ

デカルト『方法序説』

名文ピックアップ

わたしが検討する難問の一つ一つを、できるだけ多くの、しかも問題をよりよく解くために必要なだけの小部分に分割すること

どんな本か?

原題は『理性を正しく導き、学問において真理を探求するための方法序説』。著者は固定観念に満ちた書物を捨ててすべてを疑ってみた結果、「私は考えている」という事実だけは疑いようもないこと（われ思う、故にわれあり）に気づく。現代を小さな要素に分割する方法を提案し、物質世界を精神世界と分ける機械論的自然観を確立した。学者の公用語で

——あるラテン語ではなく、市民の使うフランス語で記された本書は、近代哲学のみならず自然科学の古典となった。

まず「常識」を疑え

近代哲学はデカルトから始まった。自分の思い込みや常識をまず疑ってみる重要性について説いたのだが、これに気づくため、彼は固定観念に満ちた多くの書物を捨てなければならなかった。本書にはその経緯が生き生きと述べられる。

デカルトは極めて成績のよい生徒だったにもかかわらず、学校を捨てて旅に出てしまった。「わたしは教師たちへの従属から解放されるとすぐに、文字による学問〔人文学〕をまったく放棄してしまった。そしてこれからは、（中略）世界という大きな書物のうちに見つかるかもしれない学問だけを探求しようと決心」（17頁）したのだ。

デカルトには学校の勉強が「不確実で空虚なもの」に思えて仕方なく、ここで教え込まれる「常識」を疑うことから新しい世界が見える、と大胆に発想したのである。「常識」から抜け出すには、住み慣れた祖国から出るのが最もよい。気候も言語も習慣も食物もみな違うから、自分の思い込みを客観的に知ることができる。こう考えた彼は祖国フランスを離れ、以後は外国で暮らした。

「旅をし、あちこちの宮廷や軍隊を見、気質や身分の異なるさまざまな人たちと交わり、(中略)いたるところで目の前に現れる事柄について反省を加え、そこから何らかの利点」(17頁)を引き出したのである。その結果、「学者が書斎でめぐらす空疎な思弁についての推論よりも、はるかに多くの真理を見つけ出」(17頁)すことに彼は成功した。

私は学生時代に本書を東京大学理学部の飯山敏道教授からすすめられた。20年近くフランスで地質学の研究を続けたあと日本に戻ったばかりの先生は、「科学的な思考法を学ぶのによい本だよ。フランスでは高校生全員が読んでいる」と仰《おっしゃ》った。専門の地質学だけでなく、ものの考え方を教えてくださった数少ない先生だった。

このように「常識」を疑う能力は、今の世でも最も大切ではないだろうか。たとえば、学生に地球科学を教えていて、「教科書にはそう書いてないのですが、間違いではないですか」と聞かれることがある。「教科書は何年も前に書かれたものだから、学問の日進月歩によって見方がまったく変わることがある」と私は返答する。

過去の定説にとらわれていては、絶えず変転する世界についていけまい。「本に書いてあることは何でも正しい」と思う学生に、私はまず本書を読むようすすめる。

近代科学の基盤となる「要素分解法」

本書の後半には、それまでに述べた「真理を探求する方法」から導かれる光学、気象学、幾何学といった実際の成果が紹介される。デカルトは幾何学を研究し、数学の座標系を世界で最初に提案した。彼にちなんで「デカルト座標」と呼ばれているものである。

ここから世界は、「長さと幅と高さまたは深さにおいて無際限に拡がる一つの空間」（51頁）であるという認識が誕生した。その結果、宇宙を含むどのような空間も正確に記述することが可能となったのである。

もう一つ、デカルトが提起した独創的な考え方に「要素分解法」がある。「わたしが検討する難問の一つ一つを、できるだけ多くの、しかも問題をよりよく解くために必要なだけの小部分に分割すること」（29頁）である。複雑な現象は、そのまま取り扱うのではなく、細かく分解してみるとよい。個々の要素に分けると、扱いが簡単になるからだ。

この考え方は、すべての問題解決に役立ち、要素分解法は後に展開する科学の重要な基盤となった。たとえば、空間は「さまざまな部分に分割でき、その部分は形と大きさをいろいろ変えることができ、あらゆる仕方で動かしたり位置を変えたりできる」（51頁）ようになったのである。

この方法論を得てから自然現象の理解は飛躍的に進んだ。物理学では物質を分子から原子、さらにクオークまで細分した。また、生物学はミクロの分子レベルで生命を扱い、今では遺伝子治療までが可能となった。

デカルトはさらに大きな分割、すなわち精神世界と物質世界との分離も試みた。観念的な思索と物質的な事実を截然《せつぜん》と分けたのだ。その後の科学が宗教から距離を置きつつ発展できたのは、この要素分解法のおかげと言っても過言ではない。こうして本書は、近代哲学のみならず科学の名著と見なされるようになった。

「科学の伝道師」の道へ導いてくれたデカルト

デカルトはもともと世間の喧騒から離れて静かにゆっくりと思索する学者だった。「わたしは偉くなりたいとは少しも思っていない。（中略）わたしに何の支障もなく自分の自由な時間を享受させてくれる人びとに、つねにいっそう深い感謝の気持ちをもつ」（103頁）と本書の最後で述べている。

こうした書斎派の彼が、本書の流通のために革新的な方法を採った。自分の発見した思考法を、専門家だけでなく、できるだけ多くの人々にわかりやすく伝えようとした。そのため、当時の学者の公用語であるラテン語ではなく、あえて市民の読めるフランス語で刊行したのである。

「自分の国のことばであるフランス語で書いて、わたしの先生たちのことばであるラテン語で書かないのも、自然〔生まれつき〕の理性だけをまったく純粋に働かせる人たちのほうが、古い書物だけしか信じない人たちよりも、いっそう正しくわたしの意見を判断してくれるだろうと期待するからである」（101～102頁）。

本書にはデカルト自身の経験が、市民の目線で正直に書かれている。難解な用語はできるかぎり使わず、身近なエピソードで自分の新しい考えを伝えようとしたのだ。

本書のこうした成り立ちについても飯山先生は教えてくださった。先生は私に、科学をわかりやすく伝えることの大切さを静かに説いた。フランスの科学技術の興隆を肌身で感じてきたので、日本の貧しい科学教育の現状を何とかしたいと考えていたのだ。

現代風に言えばアウトリーチとなるが、当時の私はよく理解していなかった。しかし、先生と同じ年頃になった今では、その意義が身にしみてよくわかる。30年ほど遅れて私は先生の意図を汲み、「科学の伝道師」として邁進することになったのである。

3行で要約！

・「当たり前」を疑うことから、新しい世界が見えてくる
・困難は、小さな要素に分割して解決せよ
・人に伝えるときには、最も有効なメディアを選べ

出典・ブックガイド

出典は『方法序説』（ルネ・デカルト著、谷川多佳子訳、岩波文庫／520円）。別訳として『方法序説』（山田弘明訳、ちくま学芸文庫／900円）、『方法序説』（野田又夫ほか訳、中公クラシックス／1600円）、『方法叙説』（三宅徳嘉、小池健男訳、白水Uブックス／品切れ重版未定）、『方法序説』（小場瀬卓三訳、角川ソフィア文庫／552円）などがある。関連書籍として『デカルト』（ロランス・ドヴィレール著、津崎良典訳、文庫クセジュ／1200円）、『デカルト入門』（小林道夫著、ちくま新書／650円）、『デカルト』（野田又夫著、岩波新書／740円）がある。

レヴィ＝ストロース『野生の思考』

名文ピックアップ

どの文明も、自己の思考の客観性志向を過大評価する傾向をもつ

どんな本か？

野生の思考とは、「未開」民族の持つ特有の考え方である。文字や機械を持たずに大自然の中で暮らす知恵がここにある。表題の「野生」という言葉には、文明から遅れたというネガティブな意味はなく、与えられた自然環境の中で生き抜くポジティブな視座が込められている。文字文化を持たない彼らは一方で、文明人の知らない豊かな儀礼や神話を有し、近代の科学的思考を超える面も持つ。戦後の思想界に大きな影響を与え、哲学の潮流が「実存主義」から「構造主義」へと変わるきっかけとなった。

「熱い社会」よりも「冷たい社会」へ

私たちが暮らしている現代社会は、急速に進歩を遂げてゆく社会である。これに対して、アフリカや南米で残っている「未開人」の社会には、何千年も変わらない社会がある。

2009年に、100歳でこの世を去った文化人類学者のレヴィ゠ストロースは、こうした「未開」社会を研究し、彼らにとって意味のある極めて合理的な社会があるという驚くべき発見を次々と行った。「未開人」は文字や文明を持たないにもかかわらず、自然と共存する知恵を持ち、豊かな親族組織のもとで暮らしている。しかも彼らの世界は、何千年にもわたって持続してきた。

現代人は「未開人」のことを「もっぱら生理的経済的欲求に支配されている」と思い込むが、実は「彼らの知識欲の方がわれわれの知識欲より均衡のとれたもの」（3頁）だったのである。「未開」という言葉から連想されるような劣った暮らしをしているわけでは決してなかったのだ。

西洋と東洋を問わず、文明社会では絶えざる変化を続けてきた。こうした変化の激しい社会は「熱い社会」と呼ばれ、さまざまに変容する長い歴史を持っている。これに対して、石器時代からほとんど変わらない暮らしを続けている「未開人」の社会には、歴史がない。こうした社会は、文化人類学では「冷たい社会」と定義される。

現代人は進歩がよいと思い込まされているから、「熱い社会」のほうが「冷たい社会」よりも優れていると考えがちだ。しかし、「熱い社会」は資源とエネルギーを食い潰《つぶ》す非常に不安定な社会でもある。地球環境問題などで明らかになってきたように、「熱い社会」をそのまま維持することは困難になりつつある。

一方、「冷たい社会」は、エネルギーの消費が少ないため、何千年も生活を維持することができた。ここから、進歩史観は人間を幸福にしないのではないか、という考えが誕生したのである。

後にレヴィ＝ストロースは、変化しない社会の美しさに目を向け、強く惹《ひ》かれるようになった。彼は日本を何回も訪れ、古い伝統が維持されている姿を高く評価した。その文明史観は、今でも多くの学者たちに現代社会を見直すきっかけを与え続けている。

未開人のブリコラージュに学べ

「未開人」の社会には、今そこにあるものを使ってたくましく生きていく知恵がある。レヴィ＝ストロースは「ブリコラージュ」という言葉を使い、彼らの優れた知恵を紹介する。フランス語のブリコラージュ（日曜大工）には、周囲にあるもので椅子《いす》や犬小屋を作ってしまうという意味がある。あり合わせの材料で器用に目的を達するのである。

「未開人」が暮らしの中で所有できるものは、現代人と比べればケタ違いに少ない。デパートもなければ修理工場もない。したがって、日常どれだけ工夫して必要とするものを創り出せるかが、生死を分けることになる。レヴィ＝ストロースは、この部分に大きな驚きと共感を持って書き進めていく。

実はこの能力は、私のような科学者にも関係がある。実験研究をしようというとき、とりあえず入手できるものを使ってやってみるのだ。実験器材だけでなく、コンピュータのプログラムから数学的理論まで、使えるものは何でも使うという知恵を働かせなければならない。

こうした制限された環境の中で仕事を進めてゆく能力があれば、ほかの現場でも役に立つ。「未開人」が生き抜いてきた知恵には、知的なたくましさの持つ汎用性が隠れているのである。

サルトルを論破し「構造主義」へ

レヴィ＝ストロースの研究は「構造主義」という大きな思想の潮流を創り出した。この考え方は〝人間は歴史的に進歩する〟というそれまでの常識を根本的にひっくり返してしまったのである。ここで転げ落ちたのは、〝存在することは本質よりも大事だ〟と考える実存主義思想だった。

彼は本書の中で、サルトルの主著『弁証法的理性批判』を見事に批判している。レヴィ＝ストロースは、「未開人」の考えと現代文明人の考えとの間に優劣をつけることとは無意味であるとした。両者はそもそも別の思考であり、そこに未発達から発達への歴史的な意義を認めるのは見当違いであると、「曇りのない眼」で主張した。

当時、実存主義の泰斗《たいと》として君臨していたサルトルは、「歴史がすべての価値に対する究極の判断を下す」と考えていた。これに対してレヴィ＝ストロースは、サルトルは現代文明という物差しで「未開人」を「歴史的に遅れている人たち」と評価する誤りから抜け出していない、と論破した。まさにサルトルの考え方の根底にある古い「構造」を喝破したのである。

その後の知識人たちは、歴史的状況よりも世界を作っている「構造」という観点で、社会や人間など複雑なものすべてを見るようになった。ここから思想界のキーワードは「構造」へと変わっていった。

「構造」の視座は、私が最重要視している考え方でもある。一つの概念にとらわれて迷宮に陥った思考からは、出口が見つからない。こうしたときに発想を転換し、新たなきっかけを与えるのが、「構造」から物事を見る視点である。私はしばしば学生たちから本質の見抜き方を尋ねられるが、決まって「構造で考えてみよう」と答える。たとえば人の話を聞くときでも、枝葉の内容にとらわれるのではなく、話全体がどちらへ向いているかを考えて聞く。相手の話す内容すべてを聞く必要はなく、話の結論とそれに向かう論理の流れを追うのだ。これが相手の話を「構造的に」理解することなのである。

加えて相手がどのような基準で考え、いかなる概念にとらわれながら話しているかにも意識を向ける。こうすると、とらえどころのない話でも聞きやすくなり、相手の話の大前提がこちらとは違うことが見えてくる。ここで方程式（構造）の見直しを行うのである。

『野生の思考』は1960年代から一世を風靡《ふうび》した構造主義の起爆点となった。こうして哲学の潮流は、実存主義やマルクス主義から「考え方そのものの構造を問う」構造主義へと大きく舵《かじ》を切ったのである。

3行で要約！

・高度文明社会は「未開人」社会より優れているわけではない
・いま手に入るもので生き延びる「知的なたくましさ」を学べ
・「構造」という観点で見ると、複雑な世界の本質がわかる

出典・ブックガイド

出典は『野生の思考』（クロード・レヴィ＝ストロース著、大橋保夫訳、みすず書房／4800円）。レヴィ＝ストロースのおすすめ著作として『悲しき熱帯』Ⅰ・Ⅱ（川田順造訳、中公クラシックス／Ⅰ：1450円、Ⅱ：1550円）、『神話と意味』（大橋保夫訳、みすず書房／2400円）、『レヴィ＝ストロース講義』（川田順造、渡辺公三訳、平凡社／品切れ重版未定）がある。また関連書籍として『レヴィ＝ストロース入門』（小田亮著、ちくま新書／800円）、『音と意味についての六章』（ロマーン・ヤーコブソン著、クロード・レヴィ＝ストロース序文、花輪光訳、みすず書房／2800円）、『レヴィ＝ストロース』（カトリーヌ・クレマン著、塚本昌則訳、文庫クセジュ／1200円）、『闘うレヴィ＝ストロース』（渡辺公三著、平凡社新書／800円）、『レヴィ＝ストロース　現代思想の冒険者たち Select』（渡辺公三著、講談社／1500円）、『野生の思考　100分de名著ムック』（中沢新一著、ＮＨＫ出版／524円）がある。

ウィーナー『サイバネティックス』

名文ピックアップ

情報の役割と情報を測定し伝達する技術を知ることが最もたいせつ

どんな本か？

サイバネティックスとは、情報を制御し伝達するメカニズムの学問である。「制御と通信」という新たな視点を持つと、複雑な事象を統一的に解釈することが可能になる。すなわち、数学、物理学、哲学、精神医学、言語学などさまざまな領域で、サイバネティックスの考え方が応用できるのである。たとえば、本書に付けられた「動物と機械における制御と通信」という副題のとおり、生命体も同じ土俵で語れるようになった。本書は戦後の生物学から工学まで幅広い分野に大きな影響を与えた。

生命を「情報」として扱う

１９４９年に著者のウィーナーは、サイバネティックスという新語を提案した。舟の舵《かじ》取りを意味するギリシャ語・キュベルネテスに由来する言葉だが、「情報を制御し伝達するメカニズム」を研究する学際的な学問である。

著者の最大の功績は、すべての運動の制御を、「情報」の問題としてとらえ、この革新的な見方で自然科学の対象を拡大した点にある。それまでの科学は、物質やエネルギーを主に扱っていたのだが、彼は「情報」という用語を科学の主題に掲げた。以前は情報と言えば、中央情報局（ＣＩＡ）のように軍事に関わるものだった。ところが情報という切り口で扱うと、複雑な生命ですら、まったく意外な新しい姿が見えてきたのである。

情報は「世界が秩序立っているかどうか」を記述する。すなわち、情報があるとは秩序立った状態で、情報がないとは無秩序の状態を意味する。物理学の用語エントロピー（乱雑さ）を使えば、「情報があるとは、マイナスのエントロピーを持つ」とも言い換えられる。ここからサイバネティックスの対象は一気に広がることとなった。たとえば、生物の世界では、親の情報が遺伝子によって子や孫に伝えられる。ここで伝達されるのは物質ではなく、暗号で書かれた情報である。生命科学者たちは、DNA上に書かれたこの情報を解読することに、日夜しのぎを削っている。遺伝情報からタンパク質が生産され、生物が動き出すのは、まさにサイバネティックスの世界なのである。

その後サイバネティックスは、生物の進化や言語の構造も扱うようになり、システム科学・情報科学・生体工学・人工知能として大きく発展していった。「技術者、生理学者、心理学者、社会学者のだれにとっても、情報の役割と情報を測定し伝達する技術を知ることが最もたいせつとされるようになった」(7頁)のである。

人間をも「部品」と見なす斬新な方法論

著者は生物を機械と見なし、自動制御の理論によって、その複雑な行動を説明しようとする。生物も機械も、ある決まった目的を遂行するために合理的なシステムを持っている、と考えたのである。

このシステムは、目標に向かって行動しつつ、途中で生じた結果をフィードバックする機能を持つ。たとえば、予想が当たったり外れたりした結果を学習しながら、目的へ向かって最善の手を尽くすのである。

生物と機械を同一視する見方は、第2次世界大戦中の軍事技術に始まったものだ。敵の戦闘機をいかに迎え撃つかの理論が、サイバネティックスを生んだのである。たとえば、戦闘機は人が操るので、迎撃の能力は、戦闘機という機械の能力と乗務員の能力の両方に依存する。

こうした人間と機械が共存する「人間—機械系」のシステムでは、人間も「部品」と見なされる。しかも部品の性能が最終的な結果を左右するため、人の「良品」と「不良品」をどう使うかの戦略が必要となる。これは昨今話題のＡＩ（人工知能）と人間のすみ分け、といった方向にも話はつながってゆくのである。

サイバネティックスの理論は、不良品を基準として全体の能力を算定せよ、と教える。そうすれば、不良品が出ても新しいものと交換することで、当初に予測したとおりの成果が得られる、というわけである。

人間も「部品」なので、不都合が生じれば新品と入れ替えて成果を維持する。このように、人を人とも思わない方法論が、全体のリスクを管理するために採用された。実際の社会でも、オートメーション工場の流れ作業の改善に活用されている。

著者はスラブ語学者の父から英才教育を受け、9歳で高校に進学し、14歳で大学を卒業し、18歳で博士号を取得した。その後イギリスのケンブリッジ大学でバートランド・ラッセル（第5章230頁参照）から数理哲学を学んだのだが、人並み外れた才能にラッセル自身も驚嘆したという逸話が残っている。

著者は後に『人間機械論』を刊行し、コミュニケーションの構造に関してさまざまな提言を行った。私は高校生の頃、友人のすすめで『人間機械論』を読み、その視野の広さに驚嘆した。著者の専門は数学だが、機械工学、生理学、言語学、心理学、社会学、法学、哲学など幅広い教養に基づいて論陣を張っている。これほど博識な著者からサイバネティックスという新しい発想が生まれたことに、私は素直に納得した。

なお、本書には数式がいくつか登場するが、それらを細かく理解する必要はなく、読み飛ばしても一向に差し支えない。実は火山学者の私自身、本書の高等数学がすべて理解できるわけでは決してない。

一方、日本語で書かれた地の文章は非常に読みやすい。その部分だけ読んでも、サイバネティックスの本質を理解することができよう。わからないところは飛ばしながら、取りあえず進んでみる。

先を読むと話の全体が見えてくるので、以前はわからなかった疑問が氷解する。こうして理解できない所を「棚上げ」しながら読み進めると、意外に最後まで読破できるものである。私の提唱する「棚上げ法」的な読み方である。

さて、著者は人間と機械はいかに共生すべきか、という課題を検討し続け、コミュニケーション技術が人間と機械の関係をよくも悪くも大きく変革すると予言した。まさにＡＩの登場以降に発生した問題である。その結果、際限ない機械文明の展開は人類を必ずしも幸福にしない、と結論づけた。ウィーナーが身につけた神経生理学や統計物理学、電子工学などの浩瀚《こうかん》な知識から得た卓見である。

さらに、アナログやデジタルという言葉を用いながら、人間サイボーグの考え方も提起した。実はサイバー空間やサイボーグという言葉は、サイバネティックスから派生したものである。「われわれは善悪を問わず未曾有《みぞう》の重要性をもった社会革命に当面している」（73頁）。著者は半世紀も前に、デジタル情報革命の危険性を予言していたのである。

3行で要約！
・世の中で起きる現象は、すべて「情報」によって説明できる
・「人間―機械系」という新しい視点が、世界を変えた
・人間と機械がうまく共生するにはコミュニケーション技術が重要となる

出典・ブックガイド

出典は『サイバネティックス』（ノーバート・ウィーナー著、池原止戈夫、彌永昌吉、室賀三郎、戸田巌共訳、岩波文庫／1080円）。ウィーナーのおすすめ著作として『サイバネティックスはいかにして生まれたか』（鎮目恭夫訳、みすず書房／品切れ）、『神童から俗人へ――わが幼時と青春』（鎮目恭夫訳、みすず書房／2900円）、『人間機械論』第2版（鎮目恭夫、池原止戈夫訳、みすず書房／品切れ）、『発明』（鎮目恭夫訳、みすず書房／品切れ）がある。

谷崎潤一郎『陰翳礼讃《いんえいらいさん》』

名文ピックアップ

美は物体にあるのではなく、物体と物体との作り出す陰翳のあや、明暗にあると考える

どんな本か？

わが国を代表する文豪が、日本建築や日常生活で使うさまざまな品、食物などを題材に、西洋と異なる日本の美意識について述べた珠玉のエッセー。明るさではなく暗さ、明晰ではなく茫洋を旨とする感性を、豊富な例を挙げて実証した。美しさの根源を物体そのものによるのではなく、周囲との明暗や強弱の関係性に求めた点が美論としても秀逸。47歳に

して著者が到達した日本美の哲学がわかりやすく解説され、文芸や建築の世界へも少なからず影響を与えた。

陰の中でこそ輝く日本の美意識

陰翳礼讃とは暗さを尊ぶことである。明るい光の中ではわからない物の魅力が、陰の中に置くと格段に栄《は》える場合があり、これこそ日本における美の神髄であると大作家、谷崎は主張する。英語で陶器をチャイナ、漆器をジャパンと言うが、まさに漆器の魅力は日本的な陰翳の内にこそ浮かび上がるのである。

著者は薄暗い部屋の中で蠟燭《ろうそく》の明かりに浮かび上がる漆器をこよなく愛する。「日本の漆器の美しさは、そう云《い》うぼんやりした薄明りの中に置いてこそ、始めてほんとうに発揮される（中略）塗り物の沼のような深さと厚みとを持ったつやが、全く今までとは違った魅力を帯び出して来る」（24～25頁）。

また、羊羹《ようかん》の漆黒の中にも、瞑想的な美があると述べる。「玉《ぎょく》のように半透明に曇った肌が、奥の方まで日の光りを吸い取って夢みる如きほの明るさを啣《ふく》んでいる感じ、あの色あいの深さ、複雑さは、西洋の菓子には絶対に見られない。（中略）だがその羊羹の色あいも、あれを塗り物の菓子器に入れて、肌の色が辛うじて見分けられる暗がりへ沈めると、ひとしお瞑想的になる」（28〜29頁）。精緻な観察に長《た》けた文豪ならではの陰翳に関する見事な表現ではないだろうか。

そしてとどめはこう描く。「人はあの冷たく滑《なめら》かなものを口中にふくむ時、あたかも室内の暗黒が一箇の甘い塊になって舌の先で融けるのを感じ、ほんとうはそう旨《うま》くない羊羹でも、味に異様な深みが添わるように思う」（29頁）。脱帽である。

ただ目映《まばゆ》いスポットライトを当てて魅力的に見せようとする昨今の方法とは正反対の発想がここにある。人間の心理としては、見えにくければ見えにくいほど、注意がその方向へ向くものだ。見えないがゆえに想像はたくましく広がり、それに比例して魅力が増していくのである。

万年筆を見て筆ペンを考える

当時は西洋に追いつけ追い越せという時代であった。谷崎は科学に関しても言及し、もし東洋に独自の科学文明が発達していたら、社会のありようは今とは違ったのではないかと問いかける。「煽風器などと云《い》うものになると、あの音響と云い形態と云い、未だに日本座敷とは調和しにくい」（8頁）。彼は日本の風土にふさわしく日本人の感性に合った科学技術を、心から期待していたのである。

こんなことも記している。「仮りに万年筆と云うものを昔の日本人か支那人が考案したとしたならば、必ず穂先をペンにしないで毛筆にしたであろう。そしてインキもあゝ云う青い色でなく、墨汁に近い液体にして、それが軸から毛の方へ滲《にじ》み出るように工夫したであろう」（16〜17頁）。ユニークなアイデアである。著者がこれを書いた時代に筆ペンはなかったのだが、見事に後世の発明を言い当てているではないか。

著者は執筆当時においても忘れ去られようとしていた日本の美を、西洋由来の技術と折衷しようと試行錯誤を繰り返した。「近来電燈の器具などは（中略）日本座敷に調和するものがいろ〳〵売り出されているが、私はそれでも気に入らないで、昔の石油ランプや有明行燈《あんどん》や枕行燈を古道具屋から捜して来て、それへ電球を取り付けたりした」（9頁）。

現在では、扇風機も電灯も和室に違和感なく合うものが作られている。巨匠谷崎の愚痴を、今の社会は受け入れたのだ。こうした視点で読むと、本書はビジネスチャンスの山であることに気づく。日本人が本来持っていた美意識に正面から向き合うと、現代でも商品化できるものが見つかるのではないだろうか。

ここでのポイントは、現代社会で当たり前になっていることを疑うことである。著者のように時流に流されずゆっくりと思考を巡らしてみれば、思わぬ発見が出てくるだろう。

ほんのり明るい障子の光に心安らぐ

私の住む京都は陰翳礼讃の息づく街である。いつか数寄屋《すきや》造りの家を建てたいと思い、私はかつて本書を手に取った。京の棟梁《とうりょう》たちには、ここに述べられた感性が基本に流れているからだ。よって本書は和風建築の入門書として読むこともできよう。

たとえば日本の伝統建築からは光の取り入れ方を学ぶことができる。「もし日本座敷を一つの墨絵に喩《たと》えるなら、障子《しょうじ》は墨色の最も淡い部分であり、床の間は最も濃い部分である」（34頁）。奥の部屋へ進んでみれば、外光の届かない暗がりの中で金色のふすまや屛風《びょうぶ》がボーッと微光を照り返す。こうした空間に置かれてこそ、蒔絵《まきえ》などの伝統工芸品の金の美しさが浮き上がるのである。

さらに、和風建築の厠《かわや》の件《くだり》が陰翳礼讃の文脈で淡々と語られる。「日本の厠は実に精神が安まるように出来ている。（中略）うすぐらい光線の中にうずくまって、ほんのり明るい障子の反射を受けながら瞑想に耽《ふけ》り、または窓外の庭のけしきを眺める気持は、何とも云えない」（11頁）。

確かに、日本古来の建築では、障子を使い、明かり窓を使い、光をさえぎる庭の木々を用いて美しさを演出している。すなわち美しい物そのものを凝視する即物的な感覚ではなく、物を取り巻く周囲との関係性の中に、ほのかに浮かび上がる美を認めるのである。

「美は物体にあるのではなく、物体と物体との作り出す陰翳のあや、明暗にあると考える。夜光の珠《たま》も暗中に置けば光彩を放つが、白日の下に曝《さら》せば宝石の魅力を失う如く、陰翳の作用を離れて美はない」（48頁）。美はそのものに存在するのではなく、周囲が作り出すコントラストから生まれる。配置や取り合わせを空間とともに熟考する極めて知的な世界がここにある。

さて、和様の建築にあふれる京都を訪れ、寺などで陰翳を楽しんだ後は、堺町三条にあるイノダコーヒ本店にも足を延ばしていただきたい。落ち着いた仄暗《ほのぐら》い店内で、酸味のきいたアラビカ珈琲でも飲みながら、かつて谷崎が座っていた椅子に腰掛けて本書を繙《ひもと》いてはいかがだろうか。

3行で要約！

・見えにくいほど魅力が増す。そこに見せ方の極意がある

・日本人が持つ本来の美意識に、商品化のチャンスが潜んでいる

・美しさは物そのものではなく、周囲との関係性の中にある

出典・ブックガイド

出典は『陰翳礼讃』（谷崎潤一郎著、中公文庫／476円）。別版として『谷崎潤一郎随筆集』（岩波文庫／700円）にも収録されている。また、同書は中央公論新社から『陰翳礼讃　東京をおもう』（中公クラシックス／1550円）としても刊行されている。

ウイリアム・ジェイムズ『プラグマティズム』

名文ピックアップ

自由意志とは、プラグマティックにいえば、この世界に新しいものが出現するということ

どんな本か?

プラグマティズムとは役に立つことを最重要とする米国起源の哲学で「実用主義」とも訳される。頭の中で考えたことを行動に移し、結果を吟味し、どれほど役に立つかを問う。著者は古代ギリシャ以来の西洋哲学を再検討し、有用性こそが哲学の柱となるべきであるとした。1907年に刊行された本書は20世紀米国思想の主流となり、資本主義の精神的

な基盤ともなった。さらに心理学、教育学、言語学、統計学、工学など数多くの分野へ大きな影響をもたらした。因みに、著者の弟は心理主義小説家のヘンリー・ジェイムズ。

「実用性なきものは価値なし」という思想

プラグマティズムは、世に役立つことが最も大事であるという思想である。語源は、行為・実行を表すギリシャ語の「プラグマ」で、思索より行動に重要性を置く。有用性を初めて全面に出した画期的な哲学であり、真実は行動で評価されるとも説く。ひと言で表せば「実用性なきものは価値なし」となるだろう。

著者のジェイムズは哲学が大好きな心理学者だった。もともとハーバード大学の心理学教授をしていたのだが、そのポストを後輩に譲って自らは哲学の研究に邁進してゆく。そして退職の65歳で発表したのが本書である。

彼は袋小路に迷い込んでしまった西欧哲学に、新しい道を開いた。本書には、ソクラテスやアリストテレスに始まる著名な哲学者が数多く登場する。彼らが構築した西洋哲学の本質を解き明かすとともに、これらのすべてが実用的ではなかった、と喝破《かっぱ》する。観念論・経験論・実存主義などを生んだ西欧哲学は人生の役に立たない、と言うのだ。

たとえばスコラ的な理路整然とした論争がいかに無意味かを語る際に、白墨の例を出す。白さ、もろさ、水に溶けない、という白墨の実体をめぐる議論に熱中するよりも、白墨を使って何ができるかを考えるほうがずっと世の役に立つ、と彼は主張する。このような思考の転換を推奨するのがプラグマティズムなのである。

本書の副題は「ある古い考え方をあらわす新しい名前」と書かれている。プラグマティズムの考え方は、古代ギリシャ以来の西洋哲学にも部分的に含まれている。言わば、長大な哲学史の蓄積から使えるところだけをまとめたら「有用性」が残り、プラグマティズムとなったのだ。

これは私が常々推奨している「ひと言法《こと》」の方法論と同じである。「ひと言法」とは、複雑な物事を、細部にとらわれることなく、本質的な言葉ですっきりと言い切る方法である。

本書は西洋哲学に関するエッセンスを、20世紀の新しい視点で抽出した本とも言えるだろう。ヨーロッパから離れて客観的に事物を見る米国人のジェイムズだからできたワザでもある。

実は、この『座右の古典』で私が行っている作業も、まさにこの手法である。古典の中から現代人に役立つ点、実践可能なところを、理系の科学者である私が客観的に浮き彫りにしている。何事も袋小路に迷い込んだら、少し離れて見ればよい。そして思索より行動を重視するのである。

米国生まれの哲学として熱狂的な支持

ヨーロッパのように長い歴史を持たず、自らの哲学がないことに劣等感を持つ米国で、こうしたプラグマティズムは熱狂的に受け入れられた。米国生まれの哲学として、一般市民からも大きな支持を得たのである。その後、プラグマティズムは、政治・経済・社会を見るときの重要な視座となった。米国人は、さらに宗教や科学の意味すら「有用性」の俎上《そじょう》に次々と載せていったのである。

米国では学問は大衆のものだ。ヨーロッパのように、貴族的で知的な人物が持つ好奇心によってひたすら探求されるものではない。基礎科学も例外ではなく、米国の大学ではいつも有用性をにらみながらおびただしい業績を上げている。

私も世界標準の研究をする際には、プラグマティズムの考え方に従って動いてきた。たとえば、つねに最後の成果を予測しながら、目的を絞ってデータを収集する。不必要なデータや興味本位のサンプルは決して取らない。

ともすれば科学者は研究対象を「愛して」いるものだから、つい余分なことを調べ始めてしまう。ここで費やす時間は膨大で、ややもすると横道にそれて本来の成果が出なくなる。もし論文掲載が他の研究者より遅れれば、自分の行った仕事の評価はゼロになる。

こういう状況に陥らず、研究の質を確保しながら量的な成果を増やすのが、研究者の腕の見せ所なのだ。その最適値を求めて一流の研究者は毎日しのぎを削っている。こうした「目的優先法」の元は、実はプラグマティズムにある。ムダや誘惑を切り捨てる決断を支えるのは「役に立つことこそが真理」という思想である。われわれ科学者にはプラグマティズムがしみ込んでいるとも言えよう。

名前づけに成功し歴史に名を残した

もう一つジェイムズが画期的だったのは、プラグマティズムというわかりやすく魅力的な名前を、自分の思想につけたことだ。本書は米国でベストセラーになっただけでなく、仏訳独訳が刊行され、ジェイムズの名前は世界にとどろくことになる。

このプラグマティズムの命名に際しては、少し複雑なエピソードがある。プラグマティズムという言葉は、もともとジェイムズのオリジナルではない。彼と親しく議論を交わしていた友人の哲学者パースが、「概念を明晰にする方法」という題名の論文で使った造語なのである。ジェイムズはその由来についてもきちんと著書で記し、自分の思想を表現する最も適切な言葉としてプラグマティズムを採用した、という趣旨を述べている。

その後、プラグマティズムという言葉は、興味深い変転を遂げる。ジェイムズが著書や講演でプラグマティズムを頻繁に使うにつれ、パースはジェイムズの主張が自分の考えと違うことが気になってきた。

そこでパースは、プラグマティズムとは異なるプラグマティシズムという新語をさらに考案し、自分の哲学はジェイムズのプラグマティズムとは本質的に違うと主張した。パースは、自分がかつて編み出した造語プラグマティズムが浸透することよりも、自分の思想が正確に伝わることを願ったのであった。いかにも俗世間と距離を置く学者らしい判断である。

実際には、プラグマティシズムは哲学者の間で認知されただけで、一般社会にはプラグマティズムが米国を代表する思想として世界へ知れ渡っていった。こうしてプラグマティズムは、ジェイムズの名とともに歴史に残っていく。

ジェイムズは、プラグマティズムに新しい「ブランド」を与えたとも言えるだろう。わかりやすいブランド名のおかげで、彼は米国哲学の創始者となったのである。

3行で要約！
・袋小路に迷い込んだら、少し離れて見よ
・役に立つことは真理である、という原点に返って考えよ
・アイデアを世に広めたければ、新しい名前をつけよ

出典・ブックガイド

出典は『プラグマティズム』（ウィリアム・ジェイムズ著、桝田啓三郎訳、岩波文庫／900円）。ジェイムズのおすすめ著作として『純粋経験の哲学』（伊藤邦武訳、岩波文庫／品切れ）、『心理学』上・下（今田寛訳、岩波文庫／上下とも品切れ）、『宗教的経験の諸相』上・下（桝田啓三郎訳、岩波文庫／上：1010円、下：1130円）がある。

キャノン『からだの知恵』

名文ピックアップ

生物は、変化しうるがゆえに安定なのである

どんな本か?

人間の体は恒常性を保つようにプログラムされている。暑くなると体温の上昇を抑えるために汗をかき、出血すると血液は固まる。こうした生物の持つ自己調節機能に対して「ホメオステーシス」と名づけた著者は、体をいつも安定した状態に保つ仕組みを具体的に解き明かしていく。さらにこの概念を生物のみならず社会へ応用し、恒常性維持の一般的なシステムを考察する。ホメオステーシスは後にサイバネティックスなど自動制御の理論へと大きく発展した。

不安定であるがゆえの均衡

19世紀の後半に米国で生まれた生理学者のキャノンは、1929年に始まる世界大恐慌の直後に本書を刊行した。人間の体には驚異的に美しい調節作用があり、体内で恒常性を保っていることを本書で説いた。

このことを考える前に、人体はもともと非常に不安定であることを理解しておこう。たとえば脳を流れる血液が少しでも停止すれば意識を失う。もし8分間も止まると、知的活動を行う細胞が破壊され、脳は回復不能となるのだ。

そうした不安定さがある一方で、人体は外部の変化に反応し、元に修復する仕組みを持っている。生物は「与えられた刺激に適応させる能力を持つことによって、はじめてその安定性を保っている。（中略）生物は、変化しうるがゆえに安定なのである」（24頁）。

このために生体の「構造そのものは永久的なものでなく、つねに消耗され破壊され、修復の過程によって絶えず築き直されている」（23頁）のである。生物はみな恐るべき柔軟なシステムを搭載しているのだ。

では、なぜこうした体が作られたのだろうか。生物進化の歴史に思いを馳《は》せてみよう。生物は、はるか昔から、環境の変化に対して身を守るために多様な方法を試みてきた。その中で安定を保つことのできない動物は、生存競争に勝てず絶滅していった。そして体が進化した結果、恒常性をつかさどる器官には「脳とか神経とか心臓、肺、腎臓、脾《ひ》臓が含まれ、すべてが協同してその作用を営んでいる」（27頁）ようになった。著者はこの作用に対して「ホメオステーシス」という言葉を世界で初めて与えた。体をつねに安定した恒常的状態に保つ精妙な仕組みである。

そのポイントは「不安定から回復するメカニズム」にあり、この存在を知ることが体の知恵を理解するカギとなる。たとえ一時的に不安定な状態に陥っても、迅速に回復するシステムがあれば全体の安定を保つことができる。体内にある数多くのパーツが参加して速やかに元の状態へ戻る仕組みが、恒常性システムの原理なのである。

病気のメカニズムを知れば不安は減る

不安定な状態の一つに病気がある。人が病気になって不安に襲われるのは、経験する現象が理解できないからだ。たとえば高熱が出たとき、ただ体温計を見つめているだけでは不安に陥るだろう。しかし、体は今どんなメカニズムで発熱を起こしているのかを知っていれば、心配にならずに済む。

かゆみや痛みもそうである。傷を受けて細菌が体内に入ると、「かゆみや痛みのあるはれをひき起こす。生きた細菌や死んだ細菌、白血球、一種の消化作用で柔らかくなり傷ついた組織、これらのものが壁に仕切られた囲いのなかに白っぽいかたまりを作る」(237頁)。ここで不注意な人は、大切な壁ができる前にかきむしって傷を長引かせてしまう。

かゆみも痛みも自分のからだが頑張って働いてくれているとわかれば、落ち着いて対処できよう。個々の疾病に目を向けるのではなく、体全体のシステムとして捉えるのである。

人間の体はもともと自然治癒《ちゆ》力を持っているのだが、ここに科学的な説明を加える著者はこう述べる。「自己調節作用を行うからだの驚くべき能力の多くが(中略)時間を必要とすること、つまり、そのような調節作用は、時間がその作用の働く機会を作ってはじめて、からだをもとどおり効率よく働くよう回復させる」(258頁)。よって、自然治癒力には時間がかかることを知っている賢明な医師は、体が自然に直してくれるまでゆっくり待つように患者を諭《さと》す。

体の知恵をきちんと理解すると、病気に振り回されなくなるだろう。日本の薬市場は世界第2位の規模だが、薬へ過度に頼ることから免れられる。私は風邪を引いても薬を飲まない生活を続けている。発熱も体の大切な経過の段階と心得て、過剰な投薬で人体が本来持っている自己調節作用を崩さないようにしているのだ。体の知恵が作り出した絶妙なバランスに対して、外から余計な刺激を与えて狂わせてはならないのである。

社会にも恒常性がある

著者は本書のエピローグで、「生物学的恒常性と社会的恒常性」というさらに視野を広げたテーマで議論を展開する。「経済の（中略）安定性は人間をたくさんの苦痛から解放するであろう。うまくそのような安定性を完成している方法の例は、われわれ一人一人のからだの構造のなかに見出される」（329頁）と提起する。

ホメオスタシスには、絶えず複雑に変化する環境で安定を保つための原理が含まれている。よって体の知恵を学ぶことは、「不安な変動に悩む他の組織——社会的、産業的なものであっても——にとっても、役立つ可能性がある」（28頁）のだ。

本書エピローグの小見出しを見てみよう（322頁）。「安定性維持の一般的な原理」「社会的な動揺と反作用」「からだの仕組みから見た社会的安定性の要因」「自由の基盤としての恒常性維持」とある。大恐慌に翻弄《ほんろう》される社会をつぶさに見た生理学者が、自分にできることはないだろうかと考えた。そして恐慌後の社会の安定に役立つ考え方を提案したのである。

私が本書に出合ったのは高校時代だ。保健を担当した先生が最初の授業で「保健とは体の働きを学ぶことだから、いっそのこと古典を読んでみよう」と言った。本書は易しい英語で書かれていることもあって、先生は原書の一部を毎回コピーしてくれた。私たちは辞書を引きながら1年かけて講読したのだが、世界的な科学者である著者が、社会活動にまで言及していることに私は感銘を覚えた。

本書は一般市民に理解できる表現で、医学の基礎をかみ砕いた稀有《けう》の科学書だ。しかし、それだけではない。著者は社会に役立つ知恵をも本書に込めたのである。その気持ちが、現在の私にはよくわかる。

本書を知ってから35年後、私も学生やビジネスパーソンへ向けて、自分が培《つちか》ってきた勉強法や知的生産な生き方を伝える執筆を始めた。本書は科学者独特のユニークな視点で社会へ貢献しようとした類《たぐ》いまれな古典なのである。

3行で要約!

・不安定な状態に陥っても、回復するシステムが人体にある

・自然治癒力を理解すれば、病気に振り回されない
・体の知恵を学ぶことで、社会への貢献をも考える

出典・ブックガイド

出典は『からだの知恵』（ウォルター・キャノン著、舘鄰、舘澄江訳、講談社学術文庫／1180円）。関連書籍として『内なる治癒力』（S・ロック、D・コリガン著、田中彰ほか訳、創元社／品切れ）、『人はなぜ治るのか』（A・ワイル著、上野圭一訳、日本教文社／2333円）、『人間――この未知なるもの』（A・カレル著、渡部昇一訳、知的生きかた文庫／781円）がある。

野口晴哉『風邪《かぜ》の効用』

名文ピックアップ

生命を保つためには自然のはたらきを活《い》かすことの方が、人智をつくすより以上のことであるということを、考えてみるべきでしょう

どんな本か？

風邪には鈍くなった体を調整し弾力を回復させるプラスの働きがある。風邪は「治すべき」ものではなく「経過すべき」ものと説く著者は、人間の体が本来持つ力に順応することで健康に生きる考え方を提起する。頭よりも体のほうが賢い。よって自分以外のものに頼ることなく、自らの体の指図に素直に従えばよいのである。部分的な症状に振り回され

ずに体全体のバランスを図る見方は、近代科学の弱点を克服し複雑な現象をマクロにとらえる優れた視座を提供する。著者の慧眼《けいがん》は近年、西洋医学でも実証されつつある。

たかが風邪、されど風邪

健康は古今東西すべての人の願いであるが、著者は体を詳しく観察することから健康の本質を熟考した。世間では、健康とは病気でない状態を指し、もし風邪を引いたらさっさと薬を飲んで熱を下げようとする。ところが著者は、風邪にかかるのは人体に何らかの必然性があるからだと考える。発熱には体全体の歪《ゆが》みを正す効果があり、無理に避けるべきものではないと、説く。

「風邪を全うすると、自《おの》ずから改まる体の状態がある。栄養過剰とか、そのための気分の鬱滞《うったい》とか、億劫《おっくう》になるとか、体が妙に重くて疲れたような感じとか（中略）風邪を経過すれば、自ずから消失してしまいます」（204頁）。風邪は必要あって体を通り過ぎてゆくものと考える著者は、「風邪を経過する」と独特の表現をする。

では、その後はどうすればよいか。「経過した後は体を休めねばならない。高熱の後平温以下になったら安静にする。（中略）風邪を経過するのに働いた処に休みを与えると、後は丈夫になる」（138頁）。何と、風邪を引く前よりも健康になると言うのだ。

つまり、すぐに薬や医師に頼るのではなく、自分で判断して経過を見ることが大切なのである。風邪を薬で無理に治すと、本来体が持つ自然治癒力を損ない、大きな病気にかかりやすくなるとも述べる。前項で取り上げたキャノンと同じ発想である。

もちろん専門医の説くように、風邪は万病の元である可能性があるので軽んじてはならない。しかし、われわれが日常的にかかる大部分の風邪は、著者が主張するように体に必要があって引くのではないだろうか。

健康な体にはもともと弾力がある、と著者は言う。ところが、仕事などで体や頭を使いすぎると体に偏《かたよ》りが生じて疲労が蓄積してくる。自分では感じとることが難しいが、体の弾力がなくなり鈍くなってくるのである。

このような場合に、「風邪を引くと、鈍い体が一応弾力を恢復《かいふく》するのです。（中略）弾力性が欠けてくると風邪を引き、風邪を引いた後、恢復してくる。それで私は風邪は病気というよりも、風邪自体が治療行為ではなかろうかと考えている」（21～22頁）。著者は風邪を避ける受け身の態度ではなく、風邪を使ってより健康になるという能動的な立場をとる。

最近、医学界でも発熱の意味が明らかになってきた。無理に熱を下げずに経過させるほうがよい場合があり、小児や高齢者でなければ解熱剤を以前ほど処方しなくなった。世間の考え方が変わる半世紀も前に、著者は「風邪の効用」を説いていたのである。

薬に頼る生き方を反省し、体の声に耳を傾ける

著者の発想には、もともと人に備わっている能力を十全に使って生きる考え方があり、体の健康を自立的にとらえる。「人間が健康であるということは、自分自身の力によって健康であることだけがよいのであって、守ったり、庇《かば》ったり、支え棒を立てたりして、やっと無事に突立っている山田の案山子《かかし》のようなものと一緒に考えるわけにはいかない」(95頁)。

したがって、今流行《はや》りのサプリメントを多量に摂取して健康維持を図るのは、体が本来持つ力を弱めてしまうことになる。「生命を保つためには自然のはたらきを活かすことの方が、人智をつくすより以上のことであるということ、考えてみるべきでしょう」(203頁)。人類はこうした能力を何十万年もかけて身に付けてきた。それを過度の投薬や栄養剤の摂取によって鈍らせてはならないのだ。

そもそも現代人は、自分以外のものに頼りすぎる傾向がある。風邪でも頭痛でも薬

で症状を緩和させて仕事を続けようとする。こうして無理をするのが体によいはずはない。もし風邪を引いたら、人間の体が持つ自然治癒力を生かして経過させるのが正しい。

私は30歳代半ばに本書に出合い衝撃を受けた。それまでドリンク剤やサプリメントを常用し、自分を騙《だま》しながら論文を生産する日々を過ごしていたからだ。風邪薬や頭痛薬を手放せない生き方を反省し、体の声に耳を傾けるようになったのである。

対症療法に走らず、体全体を見よ

本書には人間をミクロに分割して見るのではなく、マクロに見る優れた視点がある。風邪の発熱だけに注目し、解熱剤で下げればよいというのはミクロな見方だろう。その結果「仕事のために早く治す、何々をするために急いで下痢を止めるというようなことばかりやっているので、体の自然のバランスというものがだんだん失われ」(40頁)てくる。

つまり、「一気呵成《かせい》に病気を治そうと考えるその考えが、体の調子を乱す。強行すればそのための行為が体を乱す。痛みを早く止めても、体にとっては警報器を故障させた結果にならぬとも限りません。痛みを止めたら、他がもっと悪くなったということがあっても不思議ではない」（150～151頁）。

言わば、病気を治すというミクロな行為自体が、体全体のマクロな調子を崩すのである。まさに「角を矯《た》めて牛を殺す」ことにほかならない。

よって、風邪の症状を部分的に見て対症療法に走るのではなく、体全体をマクロに見るように心がける。「他動的な力を加えて正すことを考えるより、自ずと正しくなるよう全体のバランスをとるということを考えなくてはならない」（145頁）のだ。ここにはデカルト以来の近代科学の細分化がもたらした大きな問題が隠れている。

物理学や化学や医学は、研究対象を細かく分けることで発展してきた。その結果、物事の一部分しか見ず、全体を統合して判断することが難しくなった。いわば「木を見て森を見ず」の弊害である。

一方、私の専門である地球科学においては、細分化による要素研究では地球の温暖化などの広範な課題を解決できないことが明らかになってきた。すなわち、地球を丸ごと統合的に研究する必要性が、ようやく認識されるようになったのだ。

本書からは健康な生き方だけでなく、人体や地球や経済活動のような複雑な現象を、マクロにとらえる優れた視座も学ぶことができよう。

3行で要約!

・上手に風邪を経過させることで、体はかえって元気になる
・頭よりも体のほうが賢い。体の声に耳を傾けよ
・細分化しすぎずマクロにとらえる視座を持て

出典・ブックガイド

出典は『風邪の効用』(野口晴哉《はるちか》著、ちくま文庫/600円)。野口晴哉のおすすめ著作として『整体入門』(ちくま文庫/600円)、『体癖』(ちくま文庫/640円)がある。また、関連書籍として『回想の野口晴哉』(野口昭子著、ちくま文庫/800円)がある。

第5章

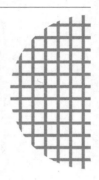

人間関係のキモ

エッカーマン『ゲーテとの対話』

名文ピックアップ

趣味というものは、中級品ではなく、最も優秀なものに接することによってのみつくられる

どんな本か?

地位も名声も確立した晩年のゲーテが、若き学徒エッカーマンに語った人生指南の書。その教示は文学・芸術・科学をはじめとして、人生上の迷いの乗り越え方まで広範にわたる。偉大な芸術家としての姿だけでなく、相手をよき方向に導きたいという情熱に満ちた教育者ゲーテの生涯が浮き彫りにされる。10年間にわたる2人の親しい会話は、人生のバイブ

――ルとしての有益な助言にあふれている。老いてもなお気迫に満ちた大詩人は、ときを超えて読者に知恵と感動を与える。

憧れの著者との対話

文豪ゲーテの作品の愛読者であったエッカーマンは、生涯に一度、本人に会いたいと、30歳のころ遠路ゲーテを訪ねた。ゲーテに気に入られたエッカーマンは、その後実直に口述筆記をすることになる。本書には、70歳過ぎのゲーテが、エッカーマンを通じて若き人々へ贈る熱いメッセージが数多く込められている。

ここに登場するゲーテは、森羅万象を研究し、精力的に創作した芸術家の姿ではない。長い人生の隅々までを雄弁に語る、カリスマとしての晩年のゲーテである。功成り名を遂げた世界的詩人が、相手によき影響を与え導きたいという情熱を持って語る生きざまが詳しく読み取れる。若者へ真のロールモデルを示すために、彼は過去のすべてをさらけ出すのである。

本書を読むと、傍《かたわ》らでゲーテが話しかけてくるような心地よさも感じる。ゲーテが身に付けていた、多くの人々を魅了する対人関係のテクニックが、克明に記されているからである。本書は人心掌握の実践的な逐語録《ちくご》と言ってもよいだろう。ゲーテがいかにして人々の心をつかみカリスマとなっていったかを、著者のエッカーマンは鮮《あざ》やかに書き記した。

ゲーテの崇拝者であるエッカーマンは、実は凡庸な新進作家だった。老ゲーテは初対面のエッカーマンに時代を切り開く才能は見いだせなかったが、自らの人生の記録係としてこれ以上の人物はないと判断し、彼の教育に乗り出す。

エッカーマンが持参した原稿に対して、ゲーテは「午前中ずっと読んでいたのです。推薦するまでもないね。内容そのものが立派に推薦している」(上巻46頁)と勇気づける。憧《あこが》れの人物にこう言われ、エッカーマンは天にも昇る心地であっただろう。

その後ゲーテは、出版社や知り合いにエッカーマンの紹介状を書く。そして3カ月後には、ゲーテが住むヴァイマルにとどまってはどうかと言う。エッカーマンはこの願ってもない提案を喜び、すべてゲーテの希望どおりに任せ、専属の助手になることとなった。

二人の対話がマンネリに陥らないように、ゲーテはあらゆる努力を払った。10年に及ぶ親しい交流の中で、つねにエッカーマンのインスピレーションを喚起し続けたのである。

まずゲーテは全身全霊で相手を尊重し、よい人間関係を作ろうとした。パートナーに最良の仕事をしてもらうための努力を惜しまなかったのだが、この具体的なノウハウが、ゲーテの生の言動とともに本書に詰まっている。

自分に投資し一流に触れよ

ゲーテが残したメッセージに「一流のものに触れよ」というものがある。ゲーテは絵画や音楽について最高の作品をエッカーマンに示した。また、自らの華麗な人脈を使い、エッカーマンを一流の人物に会わせた。最高のものに包まれていれば、自分で的確に判断する尺度が養われるからである。徹底的な教養教育を行った結果、エッカーマンが住んだヴァイマルは、「世界中のどこの果てへでも門と道が通じている」場所となった。

ゲーテは「自分に投資せよ」とも熱く説いた。世界を理解するためには、書物で勉強するだけではなく経験が必要だ。そのためには膨大な時間と資金がかかるのである。

こうしたゲーテの教えは、若いころの私にも大きな影響を与えた。私は30歳代初めに2年間ほど米国の西海岸に留学したが、火山研究の合間を縫ってニューヨークへ行き、美術館と博物館に通い詰めた。知り合いの地質学者夫妻が2週間ほど自宅へ招いてくださったからだ。そして昼間はメトロポリタン美術館で鑑賞し、夕刻にクラシックコンサートとオペラを鑑賞、深夜にはジャズクラブを巡る生活をしていたのである。ゲーテはこう語る。「私がとばす洒落《しゃれ》の一つ一つにも、財布一ぱいの金貨がかかっているのだ。今自分の知っていることを学ぶために、五十万の私の財産が消えていったよ」（中巻64頁）。私がわざわざニューヨークに遊学したのも、ゲーテの言葉を読んでいたからにほかならない。ゲーテに背中を押されたエッカーマンが自分を豊かにしていったのとまったく同じ構造である。

ゲーテが亡くなったとき、エッカーマンは39歳であった。彼は以後の人生を、ゲーテが書き残した草稿の整理と本書の執筆に費やした。ゲーテという世界一のロールモデルに出会い、人生のエッセンスを学んだ経験が自らの財産となったエッカーマンは、生涯をかけてゲーテに恩返しをしたのである。

確かにエッカーマンは才人ではなかったが、ゲーテの人生を書き留める仕事に集中することで、文学史に名を残すことになる。もし本書がなければ、ゲーテの人生は半分も後世へ伝えられなかっただろうとも言われている。自分の分をわきまえ、能力を最大限に発揮したすばらしい生き方がここにあると私は思う。

自然が教えてくれる人間の力量

ところで、ゲーテは自然界の色に関する『色彩論』という大著を刊行し、また動物や植物の形態学に関する論文も数多く書いている。大量の文学作品の陰に隠れているが、ゲーテは自然科学の研究者としても一流であった。

ゲーテは語る。「自然は、つねに真実であり、つねにまじめであり、つねに厳しいものだ。自然はつねに正しく、もし過失や誤謬《ごびゅう》がありとすれば、犯人は人間だ」(中巻64頁)。ゲーテにとって自然は、世界の本質を教えてくれた最高の師であった。

こうした自然に対し、ゲーテは畏敬《いけい》の念を抱く。「自然は、生半可《なまはんか》な人間を軽蔑し、ただ、力の充実した者、真実で純粋な者だけに服従して、秘密を打ち明ける」(同頁)。

ここには現代人がよく勘違いするような「自然を人間の都合に合わせてコントロールする」という浅はかな考え方など微塵《みじん》もない。文理融合を実現したゲーテこそ、自然の偉大さを本当に理解していた文学者だったのである。

数年前、フランクフルトのゲーテハウスを訪れたことがある。意外と質素な生家であったのに驚きもしたが、私はエッカーマンがゲーテに初めて会ったときと同じときめきを感じた。本書を読むと、大ゲーテがじかに語りかけてくる錯覚にさえ陥る。ゲーテハウスでの感動を思い出しながら、今も私は本書を繙《ひもと》いている。

3行で要約！

・相手を尊重し、よい人間関係を築くことが最良の仕事を導く
・一流のものに触れながら、自分の未来へ投資せよ
・深い人間理解の背景には、自然に対する畏敬の念がある

出典・ブックガイド

出典は『ゲーテとの対話』（ヨハン・エッカーマン著、山下肇訳、岩波文庫／上：1000円、中：960円、下：1000円）。ゲーテのおすすめ著作として『色彩論』（木村直司訳、ちくま学芸文庫／1500円）、『ゲーテ格言集』（高橋健二編訳、新潮文庫／490円）、『イタリア紀行』上・中・下（相良守峯訳、岩波文庫／上：920円、中：840円、下：940円）、『ゲーテ地質学論集』気象篇・鉱物篇（木村直司訳、ちくま学芸文庫／気象篇・鉱物篇ともに1500円）、『ゲーテ形態学論集』植物篇・動物篇（木村直司訳、ちくま学芸文庫／植物篇：1500円、動物篇：1300円）がある。

アドラー『人生の意味の心理学』

名文ピックアップ

人生に与えられる意味は、人間の数と同じだけある

どんな本か？

人が人生に意味を見いだすときは、自分にとって納得できる意味があるときだけである。人間の活動は、劣等から優越へ何らかの目的に向かって行われる。この方向性（目的）は、本人が理解しようとしまいと、長い間に人を動かし続ける。もし自分が生きてゆく目的がはっきりすれば、納得しやすい人生を組み立てることができよう。人生の目的は「ライフスタイル」を形作る。このライフスタイルは他人とのかかわり方を決定するが、その一方、自分で変えようと思えばいつでも変えられるものでもある。

現代を生き抜くための心理学

20世紀の前半は、人間心理の研究が最も進んだ時期であった。フロイト、ユング、ロジャーズなどの優秀な臨床家が、無意識を発見しさまざまな心理学を打ち立てた。この中では私はオーストリアの精神科医アドラーが提唱した考え方が、現代を生き抜くうえではいちばん役に立つと思う。彼は心理の奥底にあるダイナミズムを解き明かし、人間理解に新たな地平を拓いたのである。

「人はみな自分の見たいように世界を見ている」とアドラーは考える。人間は自分にとって何らかの意味があるものに関心を持ち、自分に関係のないものは、目にも入らない。

たとえば、野球に関心がない人にとっては、巨人が優勝しようがしまいが意に介さない。しかし、百貨店のセール担当者にとっては、業務上の大きな関心事となる。人は自分が認知した狭い世界の中だけで生きているのだ。

これは「フレームワーク」という見方である。「考え方の枠組《わくぐ》み」のことであり、誰もが持っている自分固有の思考パターンである。「思い込み」と言ってもよいかもしれない。性別や年齢、職業や育った環境によって、人はすべてフレームワークが異なるのだ。

そこでフレームワークの違う人の間では、しばしば話が通じないことが生じる。上司と部下、親と子、妻と夫、日本人とアメリカ人などの間で起きる誤解や対立は、それぞれの認知している世界が違うからである。

たとえば、自分には当たり前でも、フレームワークが異なる人には当たり前でない。本書が優れているのは、こうした人間の認識に関する基本を押さえて心理を考えている点である。フレームワークの考え方が身に付けば、自分の話が通じなくても腹が立たなくなる。話が通じないのは、自分と相手のフレームワークが違うから、と納得できるからだ。

フレームワークの差異が見えたら、このギャップを乗り越えるにはどうしたらよいかを考えればよい。人は誰でも自分の思い込みから逃れられない。そこで異なるフレームワーク同士の橋渡しが次のテーマとなる。こう考えれば、人付き合いの問題の半分は解決する。

人を動かすのは「原因」ではなく「目的」

アドラーが発見したもう一つの重要な点は、「人間はみな目的に向かって生きている」ことである。人の行動は「人生の目標」によって左右されている、と言ってもよい。

多くの人は、人間の行動は何らかの「原因」によって動かされていると考えがちである。これに対しアドラーは、人生では過去の原因が重要なのではなく、今後どうしたいかのほうがはるかに大事だと言う。すなわち、人生の目的に目を向けよと説くのである。

こうした考え方は、原因を重視する「原因論」に対して「目的論」と呼ばれる。人は誰でもマイナスの状態からプラスの状態へ移り変わろうとする。だからプラスの着地点が目標となって原動力が生まれる、とアドラーは解釈する。

自分が生きていく目的の方向がはっきりすれば、納得しやすい人生を組み立てることが誰でも可能になる。たとえば、営業目標が決まれば、それに応じて人員の配置や資材の調達が決まるようなものである。

こうした目的優先の考え方は、アドラーと同時期に活躍した心理学者のフロイトと正反対である。フロイトは、人間はリビドーと呼ばれる性的欲求に衝き動かされていると考えたが、アドラーはこの思想を真っ向から否定した。

すなわち、フロイトは人間の行動を原因論で考えたのだが、アドラーは原因を追究しても過去の事実は変わらず何の役にも立たないとして、目的論ですべての人間心理をとらえ直そうとしたのである。

現代の社会でも、物事を原因論で考えようとする風潮は強い。多くの人が「こういう悪い原因があったから私はこうなった」、そして「悪いのはあなた。かわいそうな私」と考えている。だが、アドラーは「それではいつまでも人生は変わらない。原因論は人を幸福にしない」と主張した。

人生の目的に着目する考え方は、極めて合理的だ。現代のビジネス書の多くは、目的優先法で事態を切り開いていこうとすすめるが、その源流はアドラーの卓見から来ている。

自分の性格ではなく相手との関係性を重視する

アドラーがさらに画期的な点は、個人の心の問題をすべて人間関係の問題としてとらえ直したことにある。たとえば、「嫌な性格」や「よい性格」という言葉があるが、人間の心の中に「嫌な性格」というもの（物質）があるわけでは決してない。

確かに、「嫌な性格」の人は周囲に少なからずいるかもしれない。しかし、こういう人をよく観察すると、いつも「嫌な性格」を発しているわけではない。この人は、ある人に対しては「嫌な性格」を出すのだが、そうではない相手もいる。

たとえば部下全員から嫌われている部長も、家に帰ったらよいお父さんだったりする。つまり会社の中では仕事をさせるためにガミガミ命令して「嫌な部長」を演じているのだが、家ではその必要がないので普通の人なのである。

このような例をアドラーは数多く観察し、相手によって人の性格が変わることに気づいた。すなわち心の中にある架空の「嫌な性格」が問題なのではなく、相手との関係性がいちばん大事なポイントだったのだ。

こうしたことが見えてくると、人の性格は出会う相手によって変えられることが理解できる。先ほどの例で言うと、部長が家族との間で持てるよい関係を、職場でも持つにはどうすればよいか、というように問題の設定が変わってくるのだ。心の問題と思っていたことが、実は周囲の人との対人関係から解決できるのである。

私はおよそ25年前にこの考え方を知り、非常に衝撃を受けた。問題にすべきは、他人との間に横たわる悪い「関係」だけだったのである。「自分の性格が問題なのではない」という考え方のおかげで、私はとても気が楽になったことを覚えている。

近年、アドラーの思想はフロイトやユング以上に人口に膾炙《かいしゃ》するようになったが、実社会では最も役に立つ考え方ではないかと私は思っている。

3行で要約！

・話が通じないのは、自分と相手の思い込みが違うから
・過去の原因よりも、これからの目的がはるかに大事
・自分の心の問題は、周囲の人との対人関係で解決できる

出典・ブックガイド

出典は『人生の意味の心理学』上・下（アルフレッド・アドラー著、岸見一郎訳、アルテ／上下とも1800円）。別訳として『人生の意味の心理学』（高尾利数訳、春秋社／絶版）がある。また、関連書籍として『嫌われる勇気　自己啓発の源流「アドラー」の教え』（岸見一郎、古賀史健著、ダイヤモンド社／1500円）、『無意識の発見』上・下（H・エレンベルガー著、木村敏、中井久夫監訳、弘文堂／上：5600円、下：6600円）がある。

フランクリン『フランクリン自伝』

名文ピックアップ

時間をむだにしないこと。有益な仕事につねに従事すること

どんな本か？

米国独立に重要な役割を果たしたフランクリンが、波瀾万丈の生涯を何のてらいもなく語った自叙伝。勤勉主義と科学的な合理主義に貫かれ、実利性を絶えず追求した生きざまがつづられている。多忙な日々を送りながらも、彼の人格がどのように形成されたかを自省する。また、自らの失敗と成功も正直に告白し、社会的信用を得る方法を具体的に説く。個人が絶えず努力を積み重ねることによって、人格が陶冶《とうや》されるすばらしさを、後輩の読者たちへ示そうと意図した自伝の傑作。

13カ条の「人生の点検」項目

米国の100ドル札に描かれているベンジャミン・フランクリン。1706年に生まれ、米国独立運動の立役者の一人となり、憲法を起草したことで知られる。政治家としての活動のほかに、外交官、実業家、文筆家、科学者としての業績も数多く残したスーパーマンだった。『富に至る道』という著作もあり、40代初めに大きな資産を作った成功者でもある。

彼は、よい人生を送るためには、現在の悪い生き方を少しずつ変えなければならないと考えていた。そこで、人生の点検を毎日繰り返すことによって、よい方向へ徐々に変えることができると説いたのである。

『フランクリン自伝』には、13カ条の具体的な点検項目が書かれている。その第1は「飽きるほど食べてはいけない。酩酊するほど飲んではいけない」であり、第4は「やるべきことは実行する決心をする。そして決心したことは必ず実行する」と、現代のビジネスパーソンにも直結する金言を掲げる。

最後は「イエスとソクラテスの謙譲の精神を見習いなさい」であり、13カ条はいずれもしごくもっともな内容ばかりだ。フランクリンは、これらを守ったおかげで幸福がもたらされたと述懐している。

彼が優れているのは、13個の点検項目を縦横のマトリックスとして手帳に書き出したことである。しかも毎日どれができなかったかのチェックを、黒点で付けていた。21世紀のライフハッカーたちが推奨するのと同じシステムを、280年も前に実行していたことにまず驚かされる。これぞ古典のすごみであり、『フランクリン自伝』が長らく自己を高める本として読まれてきたゆえんでもある。

フランクリンも実践していた時間戦略

フランクリンは学校教育をほとんど受けず、10歳で社会へ出た。その後の彼を形成したのは、時間に対する観念である。「時は金なり」「今日は明日の2倍の価値がある」と、26歳のときに刊行した『プーア・リチャードの暦』で説く。今の時間を大切にした人間だけが、成功への切符を手に入れられるのだ。まさに不変の真理とも言うべきものである。

18世紀という時間がまだゆっくりと流れていた時代に、時間こそが最重要の資源であることを、フランクリンは繰り返し主張した。彼がさまざまな分野で第一級の仕事をなしえたのは、この時間戦略のおかげである。

私が本書に出合ったのは32歳、米国滞在中だった。古書店の隅に置かれていたものを何げなく手に取ったのだが、読み始めてたちまち惹《ひ》き込まれてしまった。自伝という形態ながら、内容は極めて実践的な処世術だったからである。万人に有益な人生上の知恵にあふれているのだ。

自伝に述べられた数多くの事例は、いずれも腑《ふ》に落ちるものばかりである。現代の感覚で読んでも一つひとつ納得できることに、私は目を見張った。社会人のあるべき普遍の「ロールモデル」を示しているという点で、本書は著名人の自伝の中でも群を抜いている。

謙遜できない人は、分別が足りない

もう一つの読みどころは、人間関係のツボを教えてくれる点にある。「控えめに発言すれば、意外と他人は耳を傾けてくれるものだ」という助言がある。これはフランクリンが多彩な活動の中で、自らの失敗から学んだものである。

人にものを教えようとするときに、偉そうな態度で言ったのでは相手は聞いてくれない。このような場合は、相手がたまたま忘れているかのごとく話を持ちかけるとよいのである。たとえ自分には自信満々のことでも、それをおくびにも出してはならない、と彼は親身になってアドバイスする。

謙遜できない人は分別が足りない、とフランクリンは喝破する。彼自身、控えめに発言するようになってから、周囲の人が彼に耳を傾けてくれるようになったと告白している。まさに人間関係の要諦《ようてい》ではないか。

私がフランクリンから学んだ最大の点は、まさにこの人心収攬《しゅうらん》術である。彼が説く「謙遜の戦略」は、私が初めて執筆したビジネス書『成功術 時間の戦略』（文春新書）でも、「可愛《かわい》げの戦略」として展開させてもらった。

たとえば、自分の熟知することを先輩が言ったとき、「それ知っています」とは言わずに興味深く拝聴しよう、といった気くばりのことだ。『フランクリン自伝』は私の座右の書となり、その後も自己陶冶《とうや》の古典として、折に触れて学生や若いビジネスマンへその神髄を紹介することとなる。

最後に科学者フランクリンにも言及しておきたい。彼は若い頃に雷の研究に熱中し、雷雨の中で凧《たこ》を揚げて雷が何であるかを突き止めようとした。今から見れば、被雷して死ぬおそれもある無謀な実験だが、雷が電気であることを世界で初めて明らかにした画期的なものであった。進取の気性に富む彼らしいエピソードである。

科学者としての精神は、後年にフランス駐在の全権公使として赴任した折にも発揮される。1783年、ヨーロッパは極端な冷夏に陥り、何百万人もの餓死者が出た。この異常気象をフランクリンは克明に記録し、その原因を同年6月に起きたアイスランドのラカギガル火山の大噴火によるものと考えた（拙著『マグマの地球科学』中公新書を参照）。

細かい火山灰と有毒ガスが飛来し太陽の光を遮断していたことに、彼は気づいたのだ。今から見ても驚くべき卓見である。時に77歳。フランスとの同盟条約を成立させ、休む間もなく英国との講和条約調印に奔走しているさなかであった。何歳になっても好奇心を失わないフランクリンに、私は感服した。

その後も彼は自伝の原稿を書き続け84歳で死去。エネルギーあふれる元祖マルチ人間の逝去に対して、米国は国葬として遇し、フランス国会は3日間喪に服したのである。

3行で要約！

- 人生を毎日点検することで、生き方を変えることができる
- 今の時間を大切に。今日は明日の2倍の価値がある
- 控えめに発言すれば、他人は耳を傾けてくれる

出典・ブックガイド

出典は『フランクリン自伝』（ベンジャミン・フランクリン著、渡邊利雄訳、中公クラシックス／1850円）。別訳として『フランクリン自伝』（松本慎一、西川正身訳、岩波文庫／970円）がある。また、関連書籍として『ベンジャミン・フランクリン、アメリカ人になる』（G・ウッド著、池田年穂ほか訳、慶應義塾大学出版会／品切・重版未定）、『マグマの地球科学』（鎌田浩毅著、中公eブックス／860円）がある。

九鬼周造『「いき」の構造』

名文ピックアップ

「いき」のうちの「諦《あきら》め」を色彩として表わせば灰色ほど適切なものは外にない

どんな本か？

日本人の情緒にある「いき」は、「媚態《びたい》」「意気地《いきじ》」「諦《あきら》め」といった複数の要素からなる。「いき」には心構えや信条といった内面と、色や形の客観的な外見との双方が含まれ、日本特有の文化を形成している。もともと江戸の遊里から生まれた独特の感覚は、民衆の美意識を代表するものとなった。著者がヨーロッパ留学中に構想を固め帰国後にまとめたものだが、豊富な知識からあぶり出される「いき」の姿は、現代にも通用する魅力を感じさせる。日本の美を根本から知る本としても読まれてきた。

「上品」よりも「いき」をめざせ

西洋を知り尽くした哲学者が、日本文化の底流にある「いき」を詳細に分析した。素人にもわかる例を数多く挙げながら、伝統的な「いき」の本質を浮き彫りにする。明治21（1888）年に東京で生まれた九鬼周造は、東京帝国大学で哲学を学んだのち、足かけ8年、ドイツとフランスで留学生活を送る。フッサール、ハイデッガー、ベルクソンの講義を聴き、帰国後に本書の執筆に取り組んだ。

「いき」を支えるのは日本の理想主義的な道徳と宗教である、と九鬼は考えた。わが国の道徳の理想は武士道に端を発し、宗教は仏教を源流とする。

そして江戸文化の「いき」を、媚態《びたい》（色っぽさ）、意気地《いきじ》（欲望に支配されない心の強み）、諦《あきら》め（未練のない恬淡《てんたん》とした心持ち）という三つのキーワードで説明した。哲学者であるにもかかわらず、難しい言葉を羅列することなく、日常語と巧みな比喩《ひゆ》で「いき」を解読したのである。

九鬼はつねに「人と人の間にある二元性」を見つめる。「自己と異性との間に可能的関係を構成する二元的態度」（39頁）と言うのだが、自分一人では一元のみであり、他人を思いやらぬところには二元性は存在しない。すなわち、わがままを通しただけの勝手な行動は「いき」ではない。二人の間の適度な緊張感にこそ「いき」はある、というのだ。

一方、「上品」は、こうした二元性を欠いているという。というのは、一個人が醸《かも》し出す「上品」は、相手がいなくても成立するからだ。つまり、「いき」はつねに相手役を必要とし、微妙な関係性を維持する中に「いき」な姿が生まれるのである。

しかし、両者の距離がゼロになってはいけない。過度に親密になり、なれ合ってしまうと、今度は興ざめする。良好な関係になっても適度な距離をとるのが、「いき」なのである。ビジネス上の付き合いでも非常に参考になる考え方ではないだろうか。

「いき」を表現する色彩とは

では、具体的にどういったものが「いき」なのであろう。九鬼は色彩として、鼠《ねずみ》色、茶色、青色の三系統を挙げる。最初に鼠色とあるが、いったいなぜこんな色が「いき」となるのか。彼はこう説明する。

「鼠色、すなわち灰色は白から黒に推移する無色感覚の段階である。そうして、色彩感覚のすべての色調が飽和の度を減じた究極は、灰色になってしまう。(中略)『いき』のうちの『諦め』を色彩として表わせば灰色ほど適切なものは外にない」(12

4～125頁)。

ここで「諦め」というキーワードが登場する。色調の飽和から身を引いた姿に「いき」があるというのである。極彩色の自己主張とは正反対の位置に、日本人の美意識はあったのだ。

次に、茶色系統として黄《き》枯茶《がらちゃ》と媚茶《こびちゃ》を九鬼は推奨する。私は京都という土地柄に合わせて、大学の講義をしばしば和服で行うが、本書にしたがって昆布茶の色に似た媚茶の単衣《ひとえ》(夏用の着物)を仕立ててみた。学生たちの評判はなかなかである。

さて、茶色は「赤から橙を経て黄に至る派手やかな色調が(中略)、一方に色調の華やかな性質と、他方に飽和度の減少とが、諦めを知る媚態、垢抜《あかぬけ》した色気を表現している」(126～127頁)から「いき」だという。ここでは「媚態」というキーワードも登場する。

最後に、青色系統として紺《こん》と御納戸《おなんど》をすすめている。いずれも暗い青色で、「諦め」「媚態」にふさわしい日本風の落ち着いた色である。九鬼はこう結論づける。

「要するに、『いき』な色とはいわば華やかな体験に伴う消極的残像である。『いき』は過去を擁《よう》して未来に生きている。(中略)温色の興奮を味わい尽した魂が補色残像として冷色のうちに沈静を汲むのである。(中略)色に染みつつ色に泥《なず》まないのが『いき』である」（129頁）。いかがだろうか。

もし「いき」の心を理解するのが難しければ、初心者はここに指南された三系統の色から入ればよいのである。

「いき」があれば、世界のビジネスでも戦える

本書は日本人の道徳観を見事に解読する。たとえば、先に挙げた「意気地《いきじ》」は「いき」の重要な要素であり、ここには「武士道の理想が生きている」（42頁）。「武士は食わねど高楊枝《たかようじ》」の精神や「宵越《よいごし》の銭《ぜに》を持たぬ」という生き方は、すこぶる「いき」なのである。

「いき」は野暮《やぼ》の反対でもある。自我や欲求をぐっと押さえて利害を表に出さないところに「いき」がある。実績と数字がものをいうビジネスの世界では、契約が取れるか否かが気になるだろうが、そこをあからさまにせずさらりと振る舞うところが、本当の「いき」なのである。

かつて私は、京都の旧家出身で、数々のビジネスを東京で成功させた人と会ったことがある。彼は肩書きを一切省いた、まさに「いき」な名刺を私にくれた。そしてバブルに翻弄される人々を嘆きつつ、「ビジネスにおける品と粋について本を出さなけ

れば」と静かに語っていた。「いき」な生き方とは程遠い人々が、昨今の経済的混乱を生んでしまったからである。

日本は資源を持たぬ国である。そこに住むわれわれが、世界の市場で認められるには、人間的な総合力で渡り合わなければならない。世界のビジネスパーソンと仕事をするときに、最後に信頼を得るのは、自分が持つ教養力なのである。人として信用されなければ、ビジネスにも深入りしてもらえないからである。

日本人は、仕事は一所懸命にやるが教養に欠ける、とはよく言われる言葉である。古今東西の文学に興味がない、楽器一つ奏《かな》でられない、美術建築に理解がない、さらに人生哲学がない。これでは人間として敬意を払ってもらえない。教養が欠如していたのでは、世界の第一線で成功できないのだ。

中でも日本文化を知らないのは失格である。超一流のサービスを提供し、多くのエグゼクティブを迎えるホテルマンが、「日本について語れないとお客様をおもてなしできないのです」とかつて私に語ったことがある。したがって、本書は日本人すべての必読書と言ってもよいだろう。

3行で要約！

・親しき仲にも適度な距離をとるのが「いき」である
・鼠色・茶色・青色の三つの色で、「いき」を理解する
・目の前の利害を静かに押さえた行動が「いき」である

出典・ブックガイド

出典は『「いき」の構造』（九鬼《くき》周造著、講談社学術文庫／800円）。同書は『「いき」の構造 他二篇』（岩波文庫／680円）、『対訳「いき」の構造』（奈良博訳、講談社インターナショナル／絶版）としても刊行されている。他のおすすめ著作として『九鬼周造随筆集』（菅野昭正編、岩波文庫／660円）、『偶然性の問題』（九鬼周造著、岩波文庫／1140円）、『時間論 他二篇』（九鬼周造著、小浜善信編、岩波文庫／1020円）、『人間と実存』（九鬼周造著、岩波文庫／1070円）がある。また、関連書籍として『九鬼周造 理知と情熱のはざまに立つ〈ことば〉の哲学』（藤田正勝著、講談社選書メチエ／1600円）がある。

バートランド・ラッセル『幸福論』

名文ピックアップ

私たちの生は〈大地〉の生の一部であって、動植物と同じように、そこから栄養を引き出している。〈大地〉の生のリズムはゆったりとしている

どんな本か?

20世紀の生んだ最高の知性の一人が、「周到な努力さえすれば誰でも幸せになれる」と説く幸福論。原題は『幸福の征服』であり、幸福は境遇や運命に左右されるものではなく、自ら行動しながら獲得していくものと宣言する。また、偉大な事業はつねに「実りある単調さ」の中から達成され、他人との比較をやめた時点から幸福が訪れるとも説く。「オタ

ク科学者」のように、外界に対して私心のない興味を持て、とユーモアあふれる筆致で、軽快にかつズバリと人生の本質を突く。

幸福は自ら行動して獲得していくもの

数学者、哲学者であり、核兵器廃絶を目指す平和運動家としても世界的に知られたラッセルが、幸福に生きるためのユニークな方策を開示した。緒言に「私自身の経験と観察によって確かめられたものであり、それに従って行動したときにはつねに私自身の幸福をいやましたものである」（5頁）とあるように、具体的で役に立つ行動を指南する。

本書は1930年に出版されたものだが、その内容は、現代社会でも完全に通用する。第一部「不幸の原因」に書かれている競争、疲れ、ねたみ、被害妄想、世評に対するおびえ、など人を不幸にする原因は、今でも何ひとつ変わらない。

こうした中で最も幸せに暮らしているのは科学者である、と論理学者でもある著者は意表を突く論を展開する。科学者は「おのれの能力を最大限に使う活動に従事している。そして、彼自身にとってだけでなく、一般大衆にとっても——たといさっぱり理解できないときでさえ——重要と思われる成果をあげる。この点で科学者は、芸術家よりも幸福」（160〜161頁）であると言う。一見、世の中の役には立たないが面白そうなことに没頭している科学者のような人種が、実は最も幸福に近いと看破する。

すなわち、「私心のない興味」（242頁）を持っているかどうか、が重要なのである。それと反対に、自意識過剰な人は不幸である。「地質学者が岩石に対し、考古学者が廃墟に対していだく興味」（171頁）こそが、余計な自意識を解放してくれる。外界のすばらしい世界に目を向け、与えられた仕事に没頭すれば、誰にも必ず幸せはやってくると言うのだ。

退屈に耐える力を養う

資本主義社会は人々の欲望を刺激し、絶えず興奮状態へ導こうとする。その結果、たいていのビジネスパーソンは、スケジュール手帳が真っ黒になるほど予定を入れないと不安になる。しかし、退屈を恐れて浅薄な興奮ばかりを追いかけていては、人生が確実に貧しくなる、と著者は説く。

「偉大な本は、おしなべて退屈な部分を含んでいる」（68頁）。そして古典を生み出したソクラテスやカントやダーウィンの共通点として、「静かな生活が偉大な人びとの特徴であり、（中略）偉大な事業は、粘り強い仕事なしに達成されるものではない」（70頁）点を指摘する。

本来、退屈に耐える力は、子供時代に獲得しておくべきものである。著者はこれを「実りある単調さ」（71頁）という美しい言葉で表現する。「真剣な建設的な目的を持っている青少年は、その途上で必要だとわかれば、進んで多量の退屈に耐えるだろう。（中略）退屈に耐えられない世代は、小人物の世代となる」（71頁）。まったくそのとおりであると私も思う。

実は、退屈に耐える力が必要なのは、子供たちだけではない。年齢を重ねるほど時の流れは速く感じられるものだから、なおさら「退屈力」が人生の質を決めていく。

こうした考え方に私が出合ったのは中学3年の秋である。授業中に隣の生徒が熱心に読んでいたのが本書だった。休み時間に尋ねてみると、この「退屈力」の話をしてくれた。

高校生になると、今度は著者の名前が英文読解のテキストに頻出した。彼の文章は明快でウイットに富んでいる。私は彼のおかげで英語が好きになり、後に米国へ留学した折には、古書店に立ち寄り原書を買い集めた。外国人が学ぶ英文として、著者のエッセイに勝るものはないのではないか。

著者はゆっくりと流れる時間軸で世界をとらえる仕方を私に教えてくれた。「私たちの生は〈大地〉の生の一部であって、動植物と同じように、そこから栄養を引き出している。〈大地〉の生のリズムはゆったりとしている」(72頁)。幸福に生きようとすれば、分刻みの仕事に追いまくられている生活を、根本的に考え直さなければならないのである。

他人との比較は、時間の無駄だ

人を不幸にする「ねたみ」の害悪についても、著者は明快に論じる。「ねたみ深い人は、他人に災いを与えたいと思い、(中略)自分の持っているものから喜びを引き出すかわりに、他人が持っているものから苦しみを引き出している」(93頁)。この弊害から逃れるには、他人と比較するのを直ちにやめなければならない。

そもそも人と自分を比べることは、時間の無駄以外の何ものでもない。「手にはいる楽しみをエンジョイし、しなければならない仕事をし、自分よりも幸運だと(もしかすると、てんで誤って)思っている人たちとの比較をやめるなら」(97頁)、幸福は誰にも訪れると著者は言う。私もまったく異論ない。

さらに、日本人が美徳とする「謙遜」も「ねたみ」と関係がある、と彼は警告する。

「謙遜な人びとは（中略）ねたみをいだきやすいし、また、ねたみによって不幸になり、悪意を持つようになりやすい」（98頁）。こうならないために、子供が「自分はすてきなやつなんだ、と考えるように育てることには大きなメリットがある」（同頁）と提案する。

本書には、人生を気分や感情に任せるのではなく、理知的に扱おうという姿勢が貫かれている。こうしたドライな人生論は、日本の風土と正反対のものであり、初めて読んだとき、私もびっくりした。

ここには20世紀初頭に数学原理を作り上げた科学者の思いがある。感情や意志よりも理性の働きを重んじる主知主義の立場に、私は限りなく親近感を覚えたのである。

著者の割り切った考え方は、ウエットに生きている人にはいささか受け入れ難《がた》いかもしれない。しかし、そのような人こそ本書を読み、人生をもっとドライに前向きに歩んでいただきたいと思う。

私は本書を繰り返し読むことで、ポジティブな人生観が徐々に作られた。中学生のときに出合ったのはラッセルであり、太宰治ではなかった。後年、私は太宰の文章に心酔することになったが、知り合う順番はこれでよかったと思う。良書は人生の早い時期に出合うに越したことはないが、巡り合ったときが神様の与えてくださったチャンスなのである。

3行で要約!

・自意識過剰は人を不幸にする。外の世界に興味を持て
・「実りある単調さ」の中から、偉大な事業は達成される
・他人との比較をやめよ。その時点から幸福が訪れる

出典・ブックガイド

出典は『幸福論』(バートランド・ラッセル著、安藤貞雄訳、岩波文庫/780円)。別訳として『幸福論』(堀秀彦訳、角川ソフィア文庫/800円)などがある。ラッセルのおすすめ著作として『哲学入門』(高村夏輝訳、ちくま学芸文庫/1000円)、『ラッセル教育論』(安藤貞雄訳、岩波文庫/970円)、『ラッセル結婚論』(安藤貞雄訳、岩波文庫/970円)、『怠惰への讃歌』(堀秀彦、柿村峻訳、平凡社ライブラリー/1300円)がある。また、関連書籍として『幸福とは何か　ソクラテスからアラン、ラッセルまで』(長谷川宏著、中公新書/880円)、『ラッセルのパラドクス』(三浦俊彦著、岩波新書/品切れ)がある。

マクルーハン『メディア論』

名文ピックアップ

未来の社会的および技術的発展を予測する力が芸術にある

どんな本か？

3000年にわたる人類の文化史を、情報媒体（メディア）の変化という視点で包括的に論じた。第一部ではメディア機能に関する総論を述べ、第二部では言葉、漫画、ラジオ、テレビなど個々のメディアが社会に与えた影響を検証する。特に、テレビの普及後に社会の価値観と人の感性が急激に変化した点に注目した。「メディアはメッセージである」などコミュニケーションの本質を凝縮したコピーを数多く提示し、インターネット後の世界を考えるうえでも重要な示唆を与える。

メディアはメッセージである

西欧文明の3000年に及ぶ歴史の中で、人類は三つの大きな変革を経験した。第一の革命はアルファベットの発明である。これにより、口承で伝えられてきた物語が文字で表記されるようになった。たとえば、紀元前7世紀に書かれたホメーロスの叙事詩『イリアス』を読みながら、人は考えるようになったのだ。

こうした状況は、15世紀にグーテンベルクがドイツで活版印刷機を発明したことで大きく変わった。それまで、読む行為と言えば「音読」だったが、印刷本が誕生してから人は「黙読」するようになった。人間が聴覚型から視覚型へと変化した第二の革命である。そして人々は部屋に閉じこもり、自己の世界へ没入するようになったのである。

また、グーテンベルクが最初に印刷したのは聖書だったが、伝達される情報の飛躍的な増大はルネサンス文化と宗教革命をもたらした。すなわち、新しいメディアの出現が近代社会をもたらしたのである。

著者は英文学の専門家で、活版印刷が始まった頃の作家の文体を研究していた。その後、ルネサンスの三大発明（羅針盤、火薬、活版印刷）の一つに数えられる印刷術が世界に与えた影響に焦点を当て、メディアの変遷について考察した結果が本書となった。

さて、第三の革命は、20世紀の電子技術の進展によるテレビの登場である。テレビからは、書物に比べると内容が非常に薄いけれども、膨大な視聴覚の情報が流れてくる。見ている人は受け身だが、世の中の全体を直感的に理解するようになる。このテレビはコマーシャルなど資本主義と深く結び付くようになり、よくも悪くも人間の思考と行動の様式を変革してしまった。

著者はこうした状況を「メディアはメッセージである」というキャッチフレーズで先鋭に表現する。以前は、情報の媒体であるメディアは、単なるツールにすぎず、メディアを使って伝えられる中身こそが重要であると考えられていた。しかし実際には、アルファベットや印刷術やテレビといった媒体が、人間の文化そのものを変えたのである。

「いかなる技術も徐々に完全に新しい人間環境を生み出すものである。（中略）環境は受動的な包装ではなくて、能動的な過程である」（序文ii頁）。中身より媒体のほうが世界を変える大きな力を持つ、という著者の見方は、世界に衝撃を与えた。人類の文化史を概観する新たな発想が、今から50年前に生まれたのである。

ラジオは熱く、テレビは冷たい

著者は情報媒体を、熱いメディアと冷たいメディアの二つに分ける。「熱いメディアとは単一の感覚を『高精細度』(high definition)で拡張するメディアのことである。『高精細度』とはデータを十分に満たされた状態のことだ」(23頁)。「熱いメディア」の代表はラジオであり、テレビは「冷たいメディア」とされる。ラジオは音だけで人に対して囁《ささや》くように情報を伝え、人を「熱く」揺り動かす力を持つ。一方、テレビにはそれがなく、受け身的な情報を垂れ流すだけだから「冷たい」のだ。「ティーンエイジャーは、集団的テレビに背を向けて、私的なラジオへ向かっている。(中略)共同体の多様なグループと緊密なつながりをもとうとするのはラジオに本来的な特徴」(318頁)である、と著者は分析する。今、世界中で流行しているツイッターも、「熱いメディア」の現代版と言ってよいかもしれない。

本書は一人ひとりに直接伝達するコミュニケーションの技法についても教えてくれる。私はこれにヒントを得て、講義の中でラジオのディスクジョッキー風のQ&Aを取り入れた。すなわち、前もって学生たちに白い紙を配り、質問・感想・意見を自由に書いてもらう。次の講義時間に、記された内容に対して私はアドリブで答えるのだ。

この紙には、ラジオと同じくペンネームで名前を記してもらい、匿名性を確保する。こうした方法で講義に対する学生のニーズを的確に把握しつつ、学生個人との意思疎通を得ることが可能になったのである。

また、講義の中では「熱いメディア」としてのQ＆Aとともに、「冷たいメディア」であるビデオ動画も取り入れてみた。火山の噴火を理解するには、実物の映像を見てもらうのが最善だからだ。本書は、面白くないとされる大学の講義を活性化する斬新な方策を、いくつも私に教えてくれたのである。

芸術は単なる遊びではなく、万人の必需品

メディアが将来どうなるかを予測するには、「芸術」的な感性が極めて重要である、と著者は説く。新しい技術が新しい環境を生み出すにつれ、芸術こそが未来の環境を知る手段を提供してくれるというのだ。「未来の社会的および技術的発展を予測する力が芸術にあることは、昔から認められていた。（中略）芸術はいわば『早期警報装置』であり、そのおかげで余裕をもって（中略）対処する準備ができるのである」（序文vi頁）。

こうした観点から、芸術は単なる社会の遊びではなく、万人の必需品としての意義

を持つようになる。すなわち未来社会を予測する「レーダー環境としての芸術は、エリートのための特権的な滋養という役割ではなく、人間に欠くことのできない知覚の訓練という機能を帯びる」(同頁) ようになるのである。

一方、芸術によって未来がある程度予測できた場合にも、来るべき大変化を回避することはできない、と著者は考える。というのは、芸術の「目的はわれわれを変えさせることではなく、むしろ、たとえきわめて支離滅裂な革新のただ中にあってさえも、恒久の目標に向かう平坦な道を支えることであるかもしれない。すでに気がついていることであるが、技術を更新するたびに目標を更新することはむなしい」(同頁) からである。今後どのような新しいメディアと社会が出現しようとも、またその好き嫌いにかかわらず、われわれはそれらとともに生きてゆかざるをえないのだ。

本書は、メディアに関する学術書というよりも、芸術的なインスピレーションにあふれた書物である。そして芸術的な感性がメディアの将来を決定することを雄弁に説いた。1980年に亡くなった著者は、現代のようにインターネットが席巻する世界を知ることはなかった。しかし、メディアが世界を変えるという著者の斬新でマクロ的な視座は、今もなお一層の精彩を放っている。

3行で要約！
・情報の中身よりも媒体が世界を変容させる
・熱いメディアと冷たいメディアで、効果的に情報を伝達せよ
・芸術は「早期警報装置」として、未来の発展と危険を予測する

出典・ブックガイド

出典は『メディア論』（マーシャル・マクルーハン著、栗原裕、河本仲聖訳、みすず書房／5800円）。マクルーハンのおすすめ著作として『グーテンベルクの銀河系』（森常治訳、みすず書房／7500円）、『マクルーハン理論』（大前正臣、後藤和彦訳、平凡社／1200円）、『エッセンシャル・マクルーハン』（有馬哲夫訳、NTT出版／3200円）、『メディアはマッサージである　影響の目録』（クエンティン・フィオーレ共著、門林岳史訳、河出文庫／850円）がある。また、関連書籍として『マクルーハンはメッセージ　メディアとテクノロジーの未来はどこへ向かうのか？』（服部桂著、イースト・プレス／1400円）、『マクルーハン』（KAWADE道の手帖／品切・重版未定）、『マクルーハンとメディア論　身体論の集合』（柴田崇著、勁草書房／2700円）、『マクルーハンの光景　メディア論がみえる』（宮澤淳一著、みすず書房／1600円）がある。

第6章

情熱・ときめき・モチベーション

ガリレイ『新科学対話』

名文ピックアップ

何故そうなるかを理解することは、他人の言葉をそのまま鵜呑《う》みにした知識よりも、いや単に実験を繰返すことに比べてさえ、はるかに重要なことですね

どんな本か？

機械学と位置運動という二つの科学テーマに関する当時の最先端理論を、対話形式でわかりやすく解説する。登場人物はガリレイの友人（サルヴィヤチ）、反ガリレイの人物（シンプリチオ）、常識的な人間（サグレド）の３人。シンプリチオは「頭の単純な人物」の寓意だ。後に発展した材料力学と動力学に関する重要な考えが初めて出されており、学術書と

――してもも高く評価されている。万有引力を明らかにした物理学者ニュートンの主著『プリンキピア』も、本書を基にして半世紀後に成立した。

クリエイティブの有無は何に由来するか

近代科学の父と呼ばれるガリレイは、波瀾万丈の生涯を送った科学者である。物理学の基礎を確立し、古代の哲学者アリストテレスが提唱し1500年以上も信じられていた運動論が誤りであることを証明した。イタリア中部のピサ大学で行った、物体の落下速度に関する有名な実験である。

『新科学対話』は、3人による対話という形式で語られる。シンプリチオはアリストテレスが書いたことを単純に信奉するだけで何も考えない学者。サルヴィヤチは実験によって事実を積み上げ、真実を明らかにする新しい科学者で、シンプリチオをやり込めていく。サグレドはヴェネツィア市民で、2人の学者の話を公平に聞き、論点を明らかにする。

ガリレイは過去の学説をドグマ（独断的な意見）として信じるだけの人間と、学説そのものを新しく作っていく人間とを、明確に描き分ける。クリエイティブな能力の有無という意味で、現代社会の文脈でも通用するコントラストである。

ガリレイの人生は、1609年に自ら望遠鏡を作って夜空を観測した時点から大きく変わっていった。当時、新しい説として伝えられてきたコペルニクスの地動説が正しいのではないかと考え始めたのである。

宗教界の主張する天動説は誤りであると確信したガリレイは、地動説を説いて回る。そして教皇庁の反目に遭い、異端説を流布したとして宗教裁判にかけられる。

ところが、有罪になったガリレイはひるむことなく、地動説を宣伝した『天文対話』を、検閲を上手にかいくぐりながら1632年に刊行する。再び教会によって問題とされ、2度目の宗教裁判にかけられた。その直後から書かれたのが本書『新科学対話』である。

科学のスタンダードを確立

ガリレイは数多くの科学的発見を行ったが、『新科学対話』は個々の発見に勝るとも劣らぬ大きな影響を世界に与えた。彼は実験によって仮説を確かめるという科学的方法論を、本書の中で一般向けに浮き彫りにしたのだ。つまり頭の中で考えるだけでなく、実験結果の積み重ねによって説得していく方法の提示である。

まず、問題となる現象に対して精密に観察を進める。何事も最初は虚心坦懐に事実を見つめることから始まるのである。そして現象がはっきりすると、「なぜそれが起きたのか」を説明する仮説を立てる。観測事実を最もよく説明する考え方を模索し、いくつかの仮説として提示するのだ。

次に、自分たちが仮説として立てた考え方がどこまで通用するかを、ずっと先まで考えてみる。できるかぎり予測を進めてみると言ってもよいだろう。これは演繹法《えんえきほう》とも呼ばれる手法である。

3番目に、仮説から得られた新しい「予測」を実験によって確かめる。実験は1回で成功するとは限らないので、仮説を検証するため何度も行う。

この結果、予測したものが実験によって正しいとされれば、4番目のステップに進む。実験で得られた多数の観察事実から、話をまとめていくのである。帰納法と呼ばれる手法である。ここで「予測」を超えた一般的原理が導き出せればなおよい。最終的な結論をここで導くのである。

本書の冒頭部分、「建築物は大きくなればなるほど、構造的に弱くなる」という仮説を確かめていく件《くだり》は、まさにこうした一連の科学的方法論で見事に描き出されている。

こうした仮説と実験を組み合わせる方法は、ガリレイが初めて体系的に行ったものであり、現代にも通用する。私も普段の研究ではガリレイの方法論をそのまま用いている。

たとえば火山噴火の仕組みを知りたいとき、最初に仮説を立て、何の実験をするのか考える。その後、実験結果が当初の予測と同じかどうか確認する。誰がどこで行っても同じ結果が出るか、といった再現性も検討する。このどれもが、ガリレイが実行したとおりなのである。本書は、論理的に考えを積み上げる作業の正しい進め方を教えてくれる、科学史に残る名著と言えよう。

素人にもわかるように、イタリア語の対話で記述

『新科学対話』は、フィレンツェ郊外で、ガリレイが教皇庁当局に監視されながら書かれたものである。原稿完成から刊行まで約3年を要している。宗教裁判の標的になることが確実だったので、ガリレイはさまざまな戦略を考えた。

イタリア国内は教皇庁の支配下にあるので、出版はほとんど不可能。フランスやドイツでの出版を企てたが、いずれもうまくいかない。最後に新教の国オランダの出版者エルゼヴィルに頼み、引き受けてもらった。

そして本書の前書きにはフランス人貴族のノアイユ伯への謝辞が記されている。か

つてガリレイが家庭教師をしていた教え子で、後にローマ駐在のフランス大使となってからも、陰ひなたになって助けてくれた恩人である。

『新科学対話』では、ガリレイの文学的才能が、科学のアウトリーチとして存分に生かされている。物体運動など、難しくなりがちな科学の理論を、単なる教科書的な記述ではなく、個性的な3人による丁々発止の対話を絡み合わせることによって、素人にもわかりやすく描いている。

つまり、仮説を立てて検証するという科学的な方法論が、身近な対話を読むことで理解できるようになっている。しかも学者の読むラテン語ではなく、イタリア語で著した。これは一人でも多くの市民に読んでほしいというガリレイの強い意図があったと考えらえる。

本書からは、科学の神髄を伝えたいという、執念とも言えるような科学者としてのガリレイの使命感が伝わってくる。アカデミックな学者の枠にとどまらない、新しい科学者の姿がここに結実しているのである。

3行で要約！
・過去にとらわれて盲信する人と、道を切り開く人との違いを学べ
・仮説と実験を組み合わせることによって、真実を探れ
・再度の宗教裁判にもひるまず、市民に読んでもらうための戦略と執念

出典・ブックガイド

出典は『新科学対話』上・下（ガリレオ・ガリレイ著、今野武雄、日田節次訳、岩波文庫／品切れ中）。ガリレイのおすすめ著作として『天文対話』上・下（青木靖三訳、岩波文庫／品切れ中）、『星界の報告 他一篇』（山田慶児、谷泰訳、岩波文庫／660円）がある。また、関連書籍として『ガリレオ・ガリレイ』（J・マクラクラン著、O・ギンガリッチ編集代表、野本陽代訳、大月書店／1800円）、『ガリレイの生涯』（ブレヒト著、岩淵達治訳、岩波文庫／品切れ中）、『ガリレオの生涯』（ブレヒト著、谷川道子訳、光文社古典新訳文庫／1060円）、『世界がわかる理系の名著』（鎌田浩毅著、文春新書／750円）がある。

トーマス・ペイン『コモン・センス』

名文ピックアップ

旧世界の至るところが圧制に踏みにじられている。自由は地球上から追い立てられている

どんな本か？

アメリカの独立を雄弁に論じたパンフレット。当時のイギリス王政の不当性、アメリカが独立する意義と利益、共和政の必要性を明快に説いた。さらに、独立後に世界と自由な貿易を行えば、アメリカは富裕な国家になると主張し、独立のチャンスは今しかないと熱く語る。また、独立は人類の自由と幸福に必要欠くべからざるものであるとも力説する。本

──書の刊行後、アメリカ世論は独立支持へと急展開する。6カ月後に公布されることとなる「独立宣言」をペンの力によって促進した。

アメリカの主張は「全人類の主張」

1776年のアメリカ独立に、本書は多大の貢献をした。当時、イギリスからの独立を主張する急進派と、それに反対する穏健派、また両者の間で揺れ動く日和見《ひよりみ》派があった。ベンジャミン・フランクリンやトーマス・ジェファーソンなどの急進派は、独立の決断をためらう人々を味方に付ける必要があった。

植民地に暮らす市民向けのパンフレットとして書かれた本書は、独立の正当性と必要性を雄弁に語る。イギリス軍と戦闘の最中だった総司令官ジョージ・ワシントンは、この本の刊行を大いに喜び、軍隊の士気を鼓舞するために用いた。

刊行の半年後、大陸会議は分離独立を選択し、7月4日のアメリカ独立宣言へと突き進む。本書はアメリカ独立の助産師の役割を見事に果たしたのである。

大きな社会運動というものは、日常の利害を超えた上位の、いわばノーブルな正義を示すことができなければ不可能だ。そこで著者はこう述べた。「アメリカの主張はほとんど全人類の主張である。（中略）それは一地方の事件ではなく、世界的な事件である。すべての人類愛に燃える者がこの事件に関心を抱き、温かい目でその成り行きを見つめている」（14頁）。

さらに著者は、自分の名前を出さずに本書を刊行した。「このパンフレットの筆者がだれであるかは、読者には知る必要が全くない。注目すべきは主張そのものであって、筆者ではないからだ」（15頁）。社会のために行う志《こころざし》を、このように力説したのである。

党派や小さな集団の利益のために説いたのでは、人は動いてくれない。これを知悉《ちしつ》する著者はこう書く。「筆者がどんな党派とも関係がないこと、また理性や主義以外には公私を問わず、どんな勢力にも支配されていないということを言っておくのは、あながち不必要ではないであろう」（15頁）。

まさに、私心のない正義と雄弁が独立運動に火をつけた。アメリカ独立という大事業を参画するに当たり、著者は民衆が賛同する崇高な理念が不可欠であることをしっかりと押さえていたのである。

かつて私は、アメリカ人の火山学者と米国の「パイオニア精神」の話をしたことがある。彼は、それは200年ほど前の独立運動に由来すると言い、本書を教えてくれた。さっそく入手して読んでみると、独立不羈《ふき》の精神と無私の気高さに、私もいたく感銘したのである。

タイトルに「常識」とつけたワケ

本書の刊行は、イギリスに対する反逆罪に問われる恐れがあった。そのためいくつかの出版社で断られた後、ようやく1776年1月に刊行される。

表題にあるとおり、著者はまず市民の持つコモン・センス（常識）に訴える。「これから述べることは、単なる事実やわかり切った議論や常識にすぎないものである。どうか読者は偏見や先入観を捨てて、もっぱら理性や感情に従って自分自身で判断を下していただきたい」（42頁）。

ここで、アメリカ独立は「常識」だ、と最初に言い切るのである。「常識からすれば、われわれを屈服させようとしてきた国は、われわれを守るのにはとりわけ不適当な国だということがわかるだろう」（76頁）。

そしてまず結論を明快に示す。「結論を述べると、（中略）断固とした独立宣言以外には、現在の事態を速やかに解決できる道はないのだ。これを裏付ける多くの力強い、明白な理由を挙げることができる」（84頁）。

また、ときには決然と断言する。「人類を愛する諸君！　暴政ばかりか暴君に対しても決然と反抗する諸君、決起せよ！　旧世界の至るところが圧制に踏みにじられている。自由は地球上から追い立てられている」（67頁）。

加えて著者は、独立の波及効果まで力説した。「新しい世界の誕生日は目前に迫っている。そして恐らく全ヨーロッパと同数の人類がここ二、三か月の出来事によって、自由の分け前にあずかることができる」（98頁）。

事実、アメリカ独立後に起きたフランス革命の際にも、本書の仏訳が広く読まれた。さらに19世紀のラテンアメリカ諸国で翻訳され、メキシコやベネズエラなどの独立に大きな影響を与えたのである。

島が大陸を統治するのはばかげている

著者はイギリス在住時にフランクリンと出会い、彼に紹介状をもらって米国東海岸のフィラデルフィアへ移住する。ここで雑誌社に勤務し、ジャーナリストとして筆を振るった結果、歴史に名を残すこととなった。

彼の文章は明快で、わかりやすい比喩《ひゆ》に富み、読者をまったく飽きさせない。「大陸が永久に島によって統治されるというのは、いささかばかげている。自然は決して、衛星を惑星よりも大きくつくらなかった。イギリスとアメリカとの相互関係は一般的な自然の秩序に反している」（55頁）。

また、長年ヨーロッパ移民を受け入れてきたアメリカに、「避難所」という見事な表現を使う。「新世界はこれまで、ヨーロッパの各地方で市民的・宗教的自由を守って迫害された人々のための避難所であった。かれらは優しい母の抱擁からではなく、残酷な怪物の手から逃れるためここへ亡命してきた」（46頁）。

そして、もし穏健派がイギリスからの独立をためらうようなら、「喩《たと》えてみるといやな仕事を一日延ばしに延ばし続け、しかもしなければならないことがわかっていながら、手をつけるのをいやがが」（86頁）っているに等しい、と見事な比喩で論破する。

本書は異例のベストセラーとなり、総計50万部が印刷された。独立推進のため非常に効果を上げた広告文でもあり、文字が読める人のほとんどが読んだと言われている。

著者は地方の雑誌に記事を書きながら、民衆がどのような文章を好むかを的確につかんでいた。その能力が、アメリカ独立という世界史上の大事件に当たり存分に発揮されたのである。

3行で要約！

・人を動かすには、私心のない理念が必要である

・最初に枠組みを与え、決然と言い切ることが大切
・わかりやすい比喩と説得力のある表現から学べ

出典・ブックガイド

出典は『コモン・センス　他三篇』（トーマス・ペイン著、小松春雄訳、岩波文庫／600円）。ペインのおすすめ著作として『人間の権利』（西川正身訳、岩波文庫／品切れ中）がある。また、関連書籍として『トマス・ペインの「人間の権利」』（C・ヒッチンス著、中山元訳、ポプラ社／1800円）、『トマス・ペイン』（田中浩、梅田百合香訳、未来社／2500円）、『トマス・ペイン』（A・J・エイヤー著、大熊昭信訳、法政大学出版局／3500円）がある。

コロンブス『コロンブス航海誌』

名文ピックアップ

人間が欲するどんなことにでも適しそうなこの土地は、眺めているだけでもすばらしかった

どんな本か？

アメリカ大陸を発見したコロンブスの書いた第1次航海日誌を基に、ラス・カサス神父が要約した。スペイン王室の資金援助を得て船出したのは1492年。乗組員の精神安定を図りながら224日間に及ぶ航海を無事に遂行するさまが、日誌で克明につづられる。到着した島の風土が詳細に記され、先住民との交流が描かれる。帰国後、王宮で大歓迎を受

けたコロンブスは、すぐさま次の航海を企画する。新大陸への航路を発見したコロンブスは、大航海時代のパイオニアとなった。

「世界は一つ」を証明した生来の探検家

15世紀なかばにイタリアで生まれたコロンブスは、マルコポーロの『東方見聞録』を読み、黄金の宮殿があるジパング（日本）へぜひ行ってみたいと考えた。当時の人々は大西洋のかなたに東洋があると信じていたのである。

コロンブスはポルトガルで航海術を学び、幾多の困難を乗り越え、3隻の帆船でスペインの港から出航。ついに1492年10月12日、現在の西インド諸島サン・サルバドルへ上陸し、「新大陸」の発見者として世界史に華々しく記録されることになる。

彼の成功を見た多くの探検家は、続々と新大陸へ赴《おもむ》いた。アメリゴ・ヴェスプッチは南米大陸に到達し、マゼランは世界周航を成し遂げた。良くも悪くもヨーロッパ列強の新大陸への進出が始まったのである。

コロンブスによるこの第1次航海以後、世界は一つのものと認識され、現代のグローバリズムまで突き進んだ。本書はその原点となる貴重な記録であり、つねにフロンティアを目指して生きた人間の姿が読み取れる。

コロンブスは港から出発するたびに新しい土地を発見し、「この川と港をサン・サルバドールと名づけ」「この川をマーレス〔海〕の川と名づけ」(70頁)と、次々に命名していく。ここには、発見した土地に自分で名前を付けていくロマンがある。

地質学を専門にする私は、まずこの点に共感した。15年にわたって野山を歩き回り、九州中部の地質図を完成させたが、新しい研究成果を見つけるたびに自分で命名してきたからだ。たとえば熊本・大分県境の地下に巨大な噴火による陥没構造を発見したときには、地名を取って「猪牟田《ししむた》カルデラ」と名づけ国際学術雑誌に発表した(拙著『マグマの地球科学』中公新書に紹介)。

未知の世界を解明するという点で、コロンブスの大航海も地質学研究もまったく同じである。手探りで一つひとつ自分の観察を積み重ねていった暁《あかつき》に、新しい事実が目の前に広がる。時には失敗もあるが、めげずに先を目指した者にだけ新発見がもたらされる。強靭《きょうじん》な精神力が必要である点でもまったく同じである。

本書には、つねに最先端を求めるフロンティア魂があふれている。未知なるものへ強いあこがれを持つパイオニアの心が伝わってくるのである。

前人未踏の計画を実現した手腕

帆船で東洋にたどり着くという壮大な計画を実現するためには、スポンサーが必要であった。個人の財力では到底不可能で、絶対主義時代の王家の援助なしには成り立たない。

時は大航海時代の黎明《れいめい》期、ポルトガルのバルトロメウ・ディアスがアフリカ最南端の喜望峰を発見した直後である。コロンブスはまずインドまで航路を開いて貿易をしようと考えた。スポンサーが出資へ乗り気になるように「インディアス事業」と呼ばれる計画を考えたのだ。

香辛料を主とする希少価値の高い物産を、独占的にヨーロッパに運ぶ事業である。彼はこの計画をポルトガル、スペイン、イギリス、フランスの王家へ持ち込んだのだが、どの国も興味は持つものの資金のメドが立たず、交渉はなかなか進展しない。合意可能なところまで来ても、コロンブスの指示した条件が最後に受け入れられない場面もあった。しかし、彼はあきらめることなく、各国の実情に合わせた条件を再提出し、プレゼンテーションを繰り返す。

最終的にスペインのイサベル女王が航海のスポンサーとなる。女王の支出額の1割ほどをコロンブスも自己負担し、契約書を交わした。契約書では、金・銀・香料などからのあらゆる収益の9割をスペイン王へ、残る1割を自分への分配とした。多額の資金をつぎ込んでくれるスポンサーへの手厚い返礼である。

さらに契約書には、コロンブスが発見地の終身提督となること、その死後は彼の相続人が提督を継承すること、という条項も書かれていた。すなわち植民地の総督がコロンブスの最終的な目標だったのだ。封建時代に平民が望みうる最高の地位である。

1493年1月に西インド諸島を離れたコロンブスは、4月にスペインに帰国し国王へ謁見した。最高の栄誉ともてなしを受け、第2次航海を命ぜられる。国王への報告文としての本書には、前人未踏の計画を実現した彼の手腕が読み取れる。

つねにフロンティアを求めて

コロンブスはこの航海で、新たなビジネスチャンスとなりうる副産物を次々と発見した。たとえば先住民たちが耕した土地を観察して、「美しさと肥沃な点では、この地と比較できるような土地はカスティリャ全土にも見当らない。(中略) 人間が欲するどんなことにでも適しそうなこの土地は、眺めているだけでもすばらしかった」(143~144頁) と紹介している。

また、当時の最大規模の船が寄港できる理想的な入り江を見つけて、「もしもいつの日にか、この島々の海でかなりの交易ができるようになったならば、この地に僅かの費用で城塞を建設することもできるだろう」（95頁）と述べている。彼は天然の良港を用いた帆船貿易をかなり具体的にイメージしていたようだ。

コロンブスの功績は、正確にはアメリカ大陸の発見ではなく、大西洋を横断する新航路の発見である。彼はジパングを求めてその後も3度にわたり航海を続けたが、結局、到達できなかった。また、新天地での事業にも成功せず、帰国後は失意のうちに没した。実は、彼自身はビジネスには不向きな生来の探検家だったのである。

世の中にはフロンティアだけを追いかける人間と、その結果を利用して地道に事業を起こす人間がいる。こうした人の天分を考えながら本書を読み進めるのも、たいへん面白いのではないか。本書はさまざまな読み方が可能な旅行記の古典なのである。

3行で要約！

- つねに最先端を求めるパイオニアの心を持て
- 前人未踏の計画を実現した手腕を学ぼう
- フロンティアを足がかりに地道に事業を起こすという生き方もある

出典・ブックガイド

出典は『コロンブス航海誌』（クリストファー・コロンブス原著、林屋永吉訳、岩波文庫／800円）。コロンブスのおすすめ著作として『コロンブス　全航海の報告』（林屋永吉訳、岩波文庫／840円）がある。また、関連書籍として『コロンブスそっくりそのまま航海記』（ロバート・F・マークス著、風間賢二訳、朝日新聞出版／品切れ・再版未定）、『1492　コロンブス　逆転の世界史』（フェリペ・フェルナンデス＝アルメスト著、関口篤訳、青土社／2800円）がある。

シュリーマン『古代への情熱』

名文ピックアップ

私の年収（中略）のなかばを学習につかい、他の半分で私の生活費をまかなったのだが、どうにかやってゆけた

どんな本か？

8歳のときに本で見たトロヤ戦争の挿絵に衝撃を受けた少年は、トロヤは伝説や物語ではなく実在したと信じる。大人になったら必ず発掘するという大志を持ち続け、ついに夢を叶《かな》える。天才的な語学力とすさまじいまでに効率的な勉強、人並み外れた商売能力に支えられて成功者となったシュリーマンは、莫大な自己資金を発掘に投入する。どんな状況に

あろうとも当初の目標を見失わず自分の行動を律していたシュリーマンの自伝は、多くの示唆を与えてくれる。毀誉褒貶《きよほうへん》の多い人物の手記として読むのも大変興味深い。

大志をそのまま実現した人の自伝

トロヤ文明を1873年、51歳のときに発掘したシュリーマンは、若い頃から勉学熱心だった。「私は朝の五時から夜の一一時までいそがしくすごして、勉強する自由な時間はすこしもなかった。そのうえ子供のときに学んだわずかのものさえ、忘れる一方であったが、それにもかかわらず、学問にたいする愛着を失ってはいなかった」(20頁)。

その後何度も職を替え、次第に商人としての才覚を現していく。トロヤ発掘という未来の大目標の前に、彼は資金の調達とギリシャ語の勉強という中目標を定めた。目標達成のために今日は何をすべきかを考え、すべての行動を決定したのである。

1846年に設立した商社によって、資金調達という中目標が達成されると、シュリーマンはいよいよ大目標へと向かう。「私が得た資産はもはや十分と思えたから、商売から完全に引退しようと思った」(37頁)。

「私は商人生活のあらゆる煩雑《はんざつ》のうちにあってもなお、トロヤ（中略）はつねに念頭を離れなかった。もちろんそのときは私の心は金銭にかかわっていたけれども、それは私が金銭をばこの生涯の大目的を実現するための、単なる手段と見なしたからにすぎない」（39頁）。

中目標はいつも大目標への手段である。大金が手に入ったからといって気を取られてはならない。この意志を持つ人だけが、人生の大目標を達成できることを本書は教えてくれる。

効率的な語学習得法をさりげなく披露

本書は独学による効率的な勉強法の宝庫でもある。シュリーマンの行動は「時間の戦略」に満ちている。「私の新しい職の仕事は手形に印をおして（中略）、手紙を郵便局にもって行きまたもち帰ることであった。この機械的な仕事は、（中略）十分な時間をあたえてくれたから、私には非常に好都合であった」（24頁）。

そして彼は金を稼ぐ仕事の合間に勉強したのだ。「どのような使い走りにも、雨が降ってももちろん、一冊の本を手に持って、それから何かを暗記した。何も読まずに郵便局で待っていたことはなかった。こうして私はしだいに記憶力を強めて、三か月後には（中略）英語の散文二〇ページを、もしあらかじめ三回注意して通読していたならば、文字どおりに暗誦することができた」(25～26頁)。

勉強するうえでいちばん大切なことは、目的を明確にすることである。特に社会人の学習では、趣味の勉学と目的達成の勉学をはっきりと区別しなければならない。「まず私は読みやすい筆跡を習得しようとして、ブルュッセルの有名な書家マネーに二〇時間の授業をうけて、十分に目的を達した。つづいて、自分の地位をよくするために、熱心に近代語の学習をはじめた。私の年収(中略)のなかばを学習につかい、他の半分で私の生活費をまかなったのだが、どうにかやってゆけた」(24～25頁)。

シュリーマンは複数の外国語を自由に操る天才だったが、本書には語学の効果的な学習法が披露される。「非常に多く音読すること、決して翻訳しないこと、毎日一時間をあてること、つねに興味ある対象について作文を書くこと、これを教師の指導によって訂正すること、前日直されたものを暗記して、つぎの時間に暗誦すること」(25頁)と指南する。

私は学生時代にこの箇所を読み、自分が今まで受けてきた外国語教育が非常に効率の悪いものであることを悟った。古典が優れている点は、語学の習得といった古今東西を問わず必要とされている技術が、さりげなく書かれているところにある。

情報戦略を駆使して、学者たちの批判をかわす

シュリーマンは68歳で生涯を終えるまで、万難を排して発掘を続けた。古代ギリシャの詩人ホメーロスが記したトロヤの描写に基づいて忠実に発掘を行ったのだ。だが、当時の考古学者たちは、ホメーロスの描写は、自由勝手に創造した詩人的空想にすぎないと考えていた。シュリーマンは、こうした学問上の疑念を一切無視したために、一部の学者から大きな非難を受けることとなった。いつの時代もエスタブリッシュした学者は保守的なものである。

そこでシュリーマンは、古代ギリシャ語で書いた学位論文とともに、旅行報告の一部を故郷のロストック大学に送り、哲学博士の学位を受けた。つまり、学者たちに認知されるため、彼らも納得する博士号という切符をまず手に入れたのだ。在野の素人が物好きでしている発掘ではないぞ、とくぎを刺したとも言えよう。

また、彼は発掘中から、出土品についてイギリスの「タイムズ」紙へこまめに報告を送り、最初の著書『トロヤの古跡』を刊行した。遺物や発掘光景を示す200枚以上の図版を添えた書籍によって、結果をきちんと公に見せたのである。

当代の学者たちは、シュリーマンの華々しい成功に対する嫉妬もあってか、壮絶な批判を繰り返す。議会が突如発掘の許可を取り消すなど、彼はさまざまな妨害を受け

た。

そこで彼はトロヤ発掘という大目標を完遂させるための中目標として、情報開示による広告の戦略に出た。『ミケネ』や『イリオス』と題した多数の著書を次々と刊行したのである。加えて自らの語学の才能を生かし、自分で各国語に書き分けた。そして苦心の末に、第1回国際考古学会議をトロヤで開いた。発掘を継続するために、ありとあらゆる情報戦略を駆使したのである。

実は、当時の発掘技術は未熟であったため、シュリーマンはかなり乱暴な発掘をしたとして後に批判されることにもなる。また、本書に書かれた自伝的な内容に関しては、その後の研究で事実と異なる点が指摘されている。

しかし、彼によってトロヤ発掘の最初の扉が開かれたことには、何の疑いもない。シュリーマンの考古学上の記述は正確で、学問的な高い評価も揺らぐことはないのである。

先見の明のある考古学者として、また自意識過剰な俗人として、毀誉褒貶《きよほうへん》のきわめて多いシュリーマンだが、こうしたことも含めて古典としての本書を読んでいただきたい。

人に限らず書物も、よい点を見て学べばよいのである。

3行で要約！

・大きな目標を立て、完遂するまで徹底的に追究する
・勉強は、目的を明確にして始めるべきだ
・発掘継続のために行った情報開示と広告戦略を学べ

出典・ブックガイド

出典は『古代への情熱』（ハインリッヒ・シュリーマン著、村田数之亮訳、岩波文庫／720円）。別訳として『古代への情熱』（関楠生訳、新潮文庫／490円）がある。また、シュリーマンのおすすめ著作として『シュリーマン旅行記　清国・日本』（石井和子訳、講談社学術文庫／800円）がある。

マルクス・アウレリウス『自省録《じせいろく》』

名文ピックアップ

もはやさ迷《まよ》い歩くな。（中略）おまえの生の目的に向かって一路急げ

どんな本か？

2世紀のローマ帝国を統治した五賢帝の一人、マルクス・アウレリウスの日記。原題「自分自身に」とあるように、瞑想しながら自己へ向けて行った対話を、ギリシャ語で書き留めたもの。理性と徳を重んじるストア哲学を生きる拠り所とし、禁欲的な生活を送りつつ皇帝としての激務をこなした。自分を省みるためにつづった実践哲学の記録で、悩みと葛藤、信念と希望を穏やかに、かつ力強く語る。当代の賢人から学び続けた世界史初の哲人皇帝が自分を鼓舞し続けた軌跡でもある。

トップはすべてを考えださなくてもよい

最盛期のローマ帝国という、最も恵まれた時代に少年期を過ごした著者は、一流の学者たちから直接教えを受けた。「曾祖父からは（中略）家で優秀な教師についたことを。そして、かかることには金に糸目をつけてはならぬ、と学び知ったことを」（9頁）。「ルスティクスからは（中略）几帳面に読書すること、そして大ざっぱな理解の仕方に満足せず、饒舌《じようぜつ》を弄《ろう》する者に手もなく同意してしまわないこと」（10頁）。

これらの英才教育が彼の人格を形成し、皇帝としての行動の規範を与えていったのである。「アレクサンドロスからは、『私は忙しい』ということばを連発したり必要もないのに言ったりすることは、（中略）避けるものであることを」（12頁）。「セウェルスからは（中略）人に親切をつくし、もの惜しみせず施す心を。希望に満ちた明朗さと、わが身が友から愛されることへのゆるぎなき確信とを」（13頁）。

著者は、少し前に活躍したセネカやエピクテートスが提唱した理知的で禁欲的なストア哲学に傾倒した。「理性《ロゴス》をおまえは持っているか。――持っている。――ならばなぜにそれを使わぬのか」（56頁）。彼は自分がわがままに行動していないか、全体の利益を考えているかなど、つねに厳しく自らに対して問いかけたのである。

第16代ローマ皇帝である著者は、川の氾濫や大地震、また北方のゲルマン人による反乱の制圧や戦争に明け暮れた。難事が続く中でも、ストア哲学の清廉な考え方に則り、偉大な皇帝として果敢に解決していった。

一方、ストア哲学に心酔した著者は、思想的に新しいものを生み出したわけではなかった。彼は愚直なまでに、エピクテートスの思想を実践しようとしたのである。ここには組織トップの理想像の一面がある、と私は考える。

超多忙な著者は、学んだことは素直に実行しようとした。自分であれこれ考えるより、賢人の意見に従うほうがよい結果を生むと考えたのだ。実は、トップはすべてを自分で考え出す必要はない。周囲の意見を入れて適切に行動するだけでも、十分なのである。

素直に、謙虚に、物事を受け容れる

著者は古代ギリシャの哲学者プラトンが望んだ哲人政治を、人類史上ただ一人行ったリーダーであった。彼には自らを律する哲学と、自分を諌《いさ》めてくれる者に忠実に従おう、という謙虚さがあった。これがローマ帝国という巨大組織を率い「ローマの平和」を維持した一因なのである。

彼は為政者の心構えについてこう記す。「有りもしないものをすでに有るものと考えず、現に有るもののうちから最も素晴らしいものを選び出し、それに対しこう想《おも》ってみることだ。――もしこれがなかったら自分はどんなに探し求めることであろうか、と」（120頁）。たとえ組織や部下に不足を感じようとも、天から与えられたものを活用することが何よりも大切なのである。

また、諫言《かんげん》に素直に従う重要性も説く。「もしある考えからおまえを匡《ただ》し道を変えさせる者が傍におれば心改めること」（56頁）。まさに上に立つ者が持つべき考えだ。

彼は生来とても内向的な人であり、華々しい皇帝職よりも学者として静かにものを考えることを好んだ。彼が拠り所としたストア哲学は、「自然」に則して生きることを推奨する。この「自然」とは、神であり、宇宙であり、理性であり、人間を超えるものすべてである。

さらに、彼は自分に起こる事件のすべてに対して肯定的に受け止め、困難を乗り越えようと努力した。「生起するものすべてを、たとえそれがなにほどかの難儀なことに思われようとも、悦《よろこ》んで受け入れよ。（中略）そもそも彼〔ゼウス〕は全体に益なきものを何かある者になすことはなかったであろう」（78頁）。

大事業にはしばしば困難が伴う。われわれはこうした場面に立ったとき、何かと理由をつけて逃げようとしがちである。それに対して著者は、自分の人生に起こることはみな意味があり必要なことである、と運命を大胆に肯定する。これも実践を重んじるストア哲学の考え方に由来するものだが、現実に起きたことを受容して初めて道は開けるのである。

自信を喪失しかけたときに本書を読むと、大いに励まされるだろう。現代の自己啓発セミナーで教えられる内容が、古典にはもっとエレガントに、かつ雄弁に記されているのである。

人生の指針を毎日書き記す

本書は著者が自分自身と交わした誠実な対話の記録である。日記の形態を呈しているが、起きた事実をそのまま記録したのではなく、自分がなすべき行動の規範をつづったという特徴がある。著者は元来ものを書くことを好む人であったらしく、宮殿だけでなく北境の遠征地でも本書を書き継いでいった。

「もはやさ迷い歩くな。（中略）おまえの生の目的に向かって一路急げ」（47頁）。「おまえがある者の無恥に怒りを覚えるときには、直ちにおまえ自身に尋ねよ、『いったいこの宇宙に無恥な者どもが存在しないことができるか』と。ならば、できないことを求めぬことだ」（171〜172頁）。

著者はこのように日記に書き表すことによって、本当にやるべきことを自分でもはっきりと認識した。しかも、書いた内容を読み返すことにより、行動がそちらへ自然と向くようになったのである。

自省録というスタイルは、自分が反省し、なすべき行動を確定するために優れた方法である。実際に書くことによって、実行すべき内容が意識の上に定着する。2000年前の著者が行ったことは、誰でも簡単にできることで、メモ帳一冊、携帯電話一つあれば可能である。現代風に言うならば、著者は To Do List を手帳に一つひとつ書いていったのだ。

私は学生時代に本書と出合ったが、それ以来著者に倣《なら》って、自分は何をすべきかを紙に逐一書き留めることにした。本書の内容に感銘を受けた以上に、人生の指針を毎日書き出すというテクニックに、理系学生の私は新鮮な驚きを覚えたのである。

本書は著者の壮年時代から晩年までの備忘録だが、彼が生きた軌跡そのものでもある。コツコツと自省録を書き続けることが、人生をより手応《ごた》えあるものにするに違いない。

3行で要約！
・トップには、自らを律する哲学と謙虚さが必要だ
・起きたことすべてに意味がある。この受容から解決策が生まれる
・自省録を書き続けることで、手応えのある人生が得られる

出典・ブックガイド

出典は『自省録』（マルクス・アウレリウス著、鈴木照雄訳、講談社学術文庫／920円）。別訳として『自省録』（神谷美恵子訳、岩波文庫／860円）がある。また、関連書籍として『マルクス・アウレリウス『自省録』――精神の城塞』（荻野弘之著、岩波書店／2200円）がある。

ヒンドゥー教聖典『バガヴァッド・ギーター』

名文ピックアップ

あなたの職務は行為そのものにある。決してその結果にはない

どんな本か？

『バガヴァッド・ギーター』は古代インドの神話的な叙事詩『マハーバーラタ』の一部分であり、「神の歌」として愛唱されてきた。ヒンドゥー教の聖典で、スピリチュアルな宗教書としての意義を持つ。主人公の若い勇士アルジュナは、敵軍との戦闘を前にしておじけづいている。そこで守護神のクリシュナはアルジュナにこう説き聞かせる。「自分の責務を放棄することなく、行為の結果についてあれこれ悩まず、行為のプロセスを大事にして行動せよ」、と。理想と現実の差に悩んだ時にまず読むべき本。

行動することから逃げるな

『バガヴァッド・ギーター』は哲学的、宗教的、神話的叙事詩であるが、その述べるところは「正しく生きるためのエッセンス」である。その意味で時代を超えて読み継がれてきた、自己をより高い段階へ昇華させる本と言えよう。

主人公の王子アルジュナは、親族間の戦闘が始まる直前に、なぜ戦わなければならないのかがわからなくなってしまった。まるでビジネスマンが大きな契約を取りに行く朝に、何のために自分は仕事をしているのか、と自問を始めたような状況である。

そこで守護神クリシュナとの間で、真剣な対話が開始される。クリシュナは現代風に言えば、新入社員のスーパーバイザー兼教育係である。クリシュナの答えは当初、若いアルジュナを納得させるものではなかった。

しかし、宇宙はいかに動くか、そして最高の生き方はプロセスの中にある「活きた時間」である、という考えを得て、アルジュナの迷いは消え去った。そののち彼は再び戦線に復帰する、というストーリーである。

『バガヴァッド・ギーター』は、全18巻からなる長大な叙事詩『マハーバーラタ』の一部で、実は人間の行為の空しさが延々と描かれているにすぎない。だが、登場人物はそうした空虚な自分の運命に従いながらも、意志と熱意で与えられた仕事を完遂していく。こうした空しさに立ち向かう人間の勇気がインド哲学の神髄であり、『バガヴァッド・ギーター』のテーマでもあった。

本書の思想をまとめて表現すれば、次のようになるだろう。すべての人間には自己の義務があり、自分がなすべき目の前の仕事を行わなければならない。言い換えれば、行動することから逃げていては、いつまで経っても自己は完成しないのである。

各自に与えられた義務を捨てることは、自分をないがしろにすることである、と本書は説く。インド哲学には「人間の魂は不滅である」という考え方がある。ここをベースにして、「私欲を離れて、まず行動せよ」と導くのである。現代に生きるわれわれにも通じる助言ではないか。

かつて私は、日米貿易摩擦の解消のために、通商外交の最前線で米国との交渉に当たりたいと思っていた。念願の通商産業省（現・経済産業省）に入省したものの、大学での専攻が地質学だったため、地質調査所（現・産業技術総合研究所）に配属された。

私はいささか不満を抱き、大学時代の指導教官に相談した。すると飯山敏道教授は「君にとってベストの職場は、ひょっとして君が最初に望んでいたところではないのかもしれない。むしろ、君の能力をよく知っている他人のほうが、最適の職場を決めてくれるものだ」と言われた。

当時の私はその助言に納得したわけではなかったが、それに素直に従い20年ほどが経った後、自ら天職と思える現在の教師の仕事に就くことができた。今から思えば、指導教官のアドバイスは、クリシュナの「まず行動せよ」という言に通じるものであったと心から感謝している。

結果をくよくよ考えない

『バガヴァッド・ギーター』はもう一つ、人生において大切な考え方を諭《さと》してくれる。すなわち、行為の結果をあれこれと思い悩んではいけない、大事なことは行為そのものであって結果は大して重要ではない、と説くのだ。結果に至る過程こそ大切にせよ、よって行為の結果のみを自らの行動の動機としてはいけない、と結論するのである。

行為の成果についてくよくよ考えずに、自分のなすべき行動にだけ専念すれば、道は開け成就する。これは何と力強い考え方であろうか。結果がすべてで結果を出さなければ意味がない、と強要する現代社会への強烈なアンチテーゼのようだ。

さらに、結果を気にしないような知性を確立することが、実は最も大切なことである、と話は展開する。『バガヴァッド・ギーター』の理想とする知者は、「執着を離れ、自己を誇らず、堅固さと気力をそなえ、成功不成功に動じない者」（第18の26、134頁）なのである。

世の宗教書の多くは、生産活動や社会生活から逃げ出さなければ、人間の安息は得られないと説く。ところが、『バガヴァッド・ギーター』は、自分の与えられた義務を忠実に果たすことによってのみ、自分が求める境地が得られる、と地に足のついた主張をする。

「社会人は決して定められた行為を捨てるべきではない」（264頁）と強調する。『バガヴァッド・ギーター』は、紀元後1世紀ごろに成立したものだが、その後の人類が考え出した虚無思想のすべてを打ち破るほどの力強さを、今でも保持している。

理想を追いすぎる若者を勇気づける

こうした言葉は「若い人たちへ向けてのメッセージ」としても読み取ることができるだろう。学生や新入社員の多くは、自分の描いた「高い理想」に届かない「現実」を目の当たりにして、焦燥感や虚脱感を持っている。彼らは何かをする前にあれこれと考えてしまい、一歩も歩めなくなっているのだ。敵との戦いを目前にして迷っている現代のアルジュナたちが、我々の周囲にはあふれ返っているのである。

そうした行動不全に陥った若者に対して、守護神クリシュナは見事なスーパーバイザーの役割を果たす。彼の論理は明快で、一つひとつの言葉は行動力にあふれている。インド独立の父マハトマ・ガンジーは、自分がどん底に陥ったとき、『バガヴァッド・ギーター』を読み返して勇気を得たという。また、米国の詩人ラルフ・ウォルド・エマソンやフランスの女性哲学者シモーヌ・ヴェイユも、本書から大きな啓示を受けている。サンスクリット語のインド古典の中で最初に西洋語に翻訳されたのが、『バガヴァッド・ギーター』であったというのもうなずけよう。

古代インドの守護神クリシュナの述べる宇宙の摂理と説得力のあるエピソードは、理想と現実のギャップに悩むすべての人を勇気づける。若者の教育に携わる多くの社会人にとっても活用できるのではないだろうか。

3行で要約!

・人間には義務がある。まず自分がなすべき眼前の仕事を行え
・結果は重要ではない。結果に至る過程こそ大切にせよ
・なかなか行動を起こせない学生や新入社員をどう勇気づけるか、守護神クリシュナから学べ

出典・ブックガイド

出典は『バガヴァッド・ギーター』（上村勝彦訳、岩波文庫／720円）。別訳として『バガヴァッド・ギーター』（鎧淳訳、講談社学術文庫／1000円）がある。また、関連書籍として『バガヴァッド・ギーターの世界』（上村勝彦著、ちくま学芸文庫／1000円）がある。

トルストイ『人生論』

名文ピックアップ

人生とは、人を幸福にする愛

どんな本か？

ロシアの文豪トルストイ59歳の作品。人生の意味を熟考し、人を愛することこそが真の生き方であると唱える。人生円熟期のトルストイが自らに向けて語り、自分を納得させながら書きつづった人生観。己の幸福を追いかけているだけでは決して幸福にはなれないと核心をつく。動物的な生き方から脱却し、理性の力でキリストの隣人愛を会得したときに真の幸福が始まり、死をも恐れなくなると唱導する。深淵な人生哲学を語りつつ、人生に必要な知恵と技術を教えてくれる。

トルストイは「目的優先法」の実践者

人生論と謳《うた》っているが、実は論理的思考法の本なのではないか――本書を読み始めたとき、私はそうした錯覚に陥った。

「すべてものを考える場合、だいじなのは、考えることそのことではなくて、考える順序だということ、つまり、はじめになにを考え、あとになにを考えるか」(14頁)。冒頭からこうした話で始まる人生論も珍しい。

トルストイは、「一番目にはなに、二番目、三番目、もしくは十番目にはなにといったふうに、重要な考えの順に、一つひとつ秩序だてて処理」(同頁)すべしと説く。世界的文豪の言説が現代ビジネス書の結論とさして違わないことに、私はまず驚いた。

彼は目的を持たずにやみくもに考えることは無駄である、と言う。「目的を忘れた考えは、たとえ、どんなに論理にかなっていようとも、どこか分別に欠けたところがある」(15頁)。

この見方は、私が学生たちに推奨している「目的優先法」とまったく同じなのである。こうした視点を持つからこそ、トルストイは『戦争と平和』や『アンナ・カレーニナ』など長編小説の執筆を、途中で空中分解させることなく完遂できたのではないだろうか。

小説家トルストイは言葉をきちんと定義して使う。人生を語るうえで不可欠な「生命」に対しても、「すべての人が理解している意味で、この言葉を使わなければならない」（19頁）と最初に宣言する。

世の中にはバズワードと呼ばれる言葉がある。「地球に優しい」や「クラウド時代」のように、意味があいまいなまま世間で広く使われている言葉だ。トルストイはこうしたバズワードで話を進めることは、極めて危険だと考える。

すなわち、言葉の意味を確認し、共通の理解を得てから議論をしようと提言するのだが、これに私はまったく賛成である。たとえば科学の論文では、いかなる場合にもあいまいな表現は認められないからだ。

私は科学のアウトリーチを始めた頃に本書と出合って、たいへん感心した。価値観や経験の違う人たちに科学の成果を説明するための技術が、この『人生論』では明快に指南されていたからである。

「たとえ人がどんな研究なり観察なりするにしても、その観察したことを表現する場合、すべての人がみんなひとしく一様に理解している意味でもって、ひと言ひと言を使わなくてはいけない」（22頁）。科学者だけに通用する論理を排除し、一般市民にわかってもらえる言葉を模索していた私に、本書の発想は大切な指針となった。

トルストイは壮大な人生論を始める前に、読者へ正しい思考法を提示しようとする。まさに人生のように複雑なものを取り扱うときに重要な心構えであろう。

私自身、人生に勝るとも劣らず複雑な地球を研究する際に、同様の準備を行う。実際、トルストイの考え方は理系的な思考そのものであり、頭脳明晰な人の書いた人生論は有用なノウハウに満ちているのである。

「動物の幸せ」と「理性の幸せ」

「人はだれしも自分の利益のため、幸福のためだけに生活している」（35頁）。この考えは本書で繰り返し出てくるのだが、すべての人が自分の幸せを真っ先に望む、という事実に対して、トルストイは目を背けることなく直視する。

彼は人間が求める幸福には二つあるという。一つは自分だけの動物的生存にかかわる幸福で、これを「動物の幸せ」と呼ぶ。これに対して人は、まったく別の幸福、すなわち「理性の幸せ」も求めていると述べる。「人間の真の生活は、動物的な自我をおさえようとする理性の意識として、あらわれる。したがって、動物的な自我の求める幸福が否定されるとき、はじめて、真の生活が始まるのである」（83頁）。

こうした「理性の幸せ」を求めて、彼は世界史上の賢人たちの思想を渉猟する。孔子・仏陀・老子・ユダヤの賢人・ストア派の学者たちを経て、最後にキリストの言葉にたどり着く。「人生とは、人を幸福にする愛——神と隣人にたいする愛にほかならない」（43頁）。そして動物的な欲求によって脅かされる人生は「他者を愛すること」によって克服できる、と力説する。

トルストイが夢見た理性の到達点はこうである。「すべての人が他人の幸福のために生き、自分自身よりもいっそう他人を愛すような状態である。（中略）生存競争も、なやましい苦痛も、死の恐怖もなくなる」（132頁）。人生では自分だけの幸せを願うことは不可能であると知った者にのみ幸福が訪れる、と結論するのである。

人生論は古典3冊で足りる

こうした「理性の幸せ」を得るために、トルストイはまず宗教の本を熟読せよと提言する。「ただの三つきり、つまり、中国の宗教と、インドの宗教と、ユダヤ・キリスト教（中略）しかも、こうした宗教の本は五ルーブリもだせば買えるし、二週間もあれば読める」（49頁）と喝破《かつぱ》する。

極言すれば、古典を3冊読めば人生上の大抵の危機は乗り越えられる、と言うのだ。古典とは、「理性の幸せ」を得るために過去の偉人たちが積み上げた知の財産である。その古典を読まない人は、自らの人生を掌握できず、ただ生きているだけにすぎない。ちょうど海上を漂っている人が、自分では進みたい方向へ行っているつもりなのに、波に流されているようなものである、と彼は説明する。

人生論と名の付く本は世にあまたあるが、私は特に本書が好きである。というのは、これは悟りを開いた高潔な人物が語ったものではないからだ。

実は、59歳のトルストイは、湧き上がる自我や煩悩と毎日のように闘っていた。そんな彼が自分を納得させようと多大な言葉を費やしていく姿に、私はいたく共感したのである。

本書をじっくりと味わいながら読んでいくと、よりよい人生を求めて著者と共同作業をしている感覚が生まれてくる。忙中閑《かん》あり。トルストイとともに、真の幸福を探る旅に出てはいかがだろうか。

3行で要約！
・いかに論理的でも、目的を忘れた考えは無駄だ
・自分だけの幸せを願う人には、本当の幸福は訪れない
・古典を3冊読めば、人生の危機は乗り越えられる

出典・ブックガイド
出典は『人生論』（レフ・トルストイ著、米川和夫訳、角川文庫／400円）。別訳として『人生論』（原卓也訳、新潮文庫／497円）、『人生論』（中村融訳、岩波文庫／品切れ）がある。

第7章

リーダーの条件

チャーチル『第二次大戦回顧録 抄』

名文ピックアップ

われわれの目的は何かと問われるならば、それはただ一語——勝利だけであります

どんな本か？

第2次世界大戦中に英国首相となり連合国側を勝利に導いた政治家が、戦争の実体験を詳細に書きつづった。戦時内閣を率いた著者は、空爆にさらされる英国民を気迫のこもったラジオ演説で鼓舞し、断固として戦い続けた。大戦勃発前から終戦までの克明な記述には、戦争の推移だけでなく彼とかかわった人々の姿が生き生きと描かれる。世界的ベストセラーとなり、後にノーベル文学賞が贈られた。第2次世界大戦から英国を救った著者は、文人としても最高の栄誉を得たのである。

待てるか、待てないか

第1次世界大戦が終わった時点から、この回顧録は始まる。英仏などの戦勝国は、ベルサイユ条約により、敗戦国に莫大な賠償金を課した。この結果、ドイツはハイパーインフレに見舞われ、中産階級が崩壊。人心の荒廃に付け入ったヒトラー率いるナチスが再軍備を敢行し、チェコスロバキアの併合を画策した。だが、融和政策をとる英国首相チェンバレンは、ドイツへの軍事行動をいっさいとらなかった。

著者チャーチルは、ヒトラーの危険性を早くから察知し、融和政策を批判し続けた。しかし、当時の英国民はチェンバレンの外交を支持し、対独戦の準備を唱えた著者は孤立していた。１９３９年、ポーランドに侵攻したドイツに対して英仏はついに宣戦布告し、第2次世界大戦が始まった。ナチスの本質をつかんでいた著者が正しかったのである。

本書は「勝者の愚行」という章から始まり、第1次世界大戦後の善良な指導者たちが、いかに誤った行動をとったかを詳細に検証する。「私の目的は、この時期を生き、かつ行動した一人として、第二次大戦の悲劇は、いかに容易に防止できたか、邪悪なる者の悪意が有徳なる者の弱さによっていかに強められたか（中略）を説くにある」

（21〜22頁）。

ドイツがノルウェー、オランダ、ベルギーを侵略するに至り、戦時内閣を任された著者は思う。「私は運命と共に歩いているような気がした。（中略）私の生涯のすべては、ただこの時、この一大試練のために準備されたものであるという気がした」（63頁）。時機の到来をじっと待てる指導者だけが、世界の破滅を救うことができたのである。

将来に禍根を残さない戦い方

次に、チャーチルは戦勝国による戦後政策が極めて重要であると説く。「敗戦国内に最大限の繁栄をもたらすような恩恵的行為によって、（中略）真の友情と共通利害の基礎を作るよう努力し、それによって再び武器に訴えようとする衝動を絶えず減らすこと」（22頁）が大切なのだ。

第2次世界大戦後の日本に対する連合国の施策はほぼこの路線を歩み、日本は飛躍的な回復を遂げることができた。勝者は敗者を完膚《かんぷ》なきまでにたたきのめしてはならないのである。

これは日常の人間関係でも成り立つ知恵である。社内の派閥争いでも夫婦げんかでも、恨みが後に残るようなけんかの仕方は上策とはいえない。争いが済んだ後の状況を予測して、将来に禍根を残さないような戦い方をする必要がある。しかも、戦う前から戦後処理について考えておくべきだ、と著者は諭《さと》すのである。

いつの時代にも、過去の歴史から学び、同じ過ちを二度と繰り返さないことが肝要だ。世に起きるすべての戦いをなくすことはできないが、二つの世界大戦から学ぶことが今でも多々あることを、本書は教えてくれる。

読者を惹きつけてやまない言葉の力

チャーチルが首相になってから、英国内はドイツ空軍の猛烈な爆撃にさらされた。ロンドン市内も連日のように空爆を受けたが、チャーチルはラジオを通じて演説を頻繁に行った。彼は国民に断固戦って勝利することを力強く説いたのである。

「私が諸君に提供できるものは、血と労役と涙と汗以外には何もありません。(中略)われわれの目的は何かと問われるならば、それはただ一語――勝利だけであります。あらゆる犠牲においての勝利、あらゆる恐怖を克服しての勝利、いかに長く嶮《けわ》しい道を経てもの勝利、これだけであります。なぜならば、勝利なくしてわが英帝国の生存はありません」(66頁)。こうした格調高い見事な演説に英国民は勇気づけられ、長く苦しい生活を耐え抜いた。

チャーチルは説得力のある英語を若い頃に磨いた。実は、学生時代の彼は物覚えの悪い生徒で、ラテン語やギリシャ語がまったくできなかった。業を煮やした教師は、彼の同級生が古典語を学ぶ時間に英文法をみっちりと勉強させた。このおかげでチャーチルは英語の効果的な表現術をマスターしたのである。

後にインド駐留の軍務に就《つ》いた折に、彼はギボンの大作『ローマ帝国衰亡史』（本章317頁参照）を繰り返し読み、自分の文体を作っていった。こうして培《つちか》われた雄弁で説得力のある文章が、世界を変えたのである。

1945年7月25日、英国会の総選挙の結果が出た。保守党を率いる首相チャーチルが、野党の労働党に負けてしまったのだ。翌日、チャーチルは首相を辞任し、労働党首アトリーに後を託す。この日は連合国が日本に対して、無条件降伏を要求する最後通牒を突き付けた日でもあった。

野に下ったチャーチルは第2次大戦の回顧録の執筆に取りかかった。ルーズベルト大統領との親書などを含む浩瀚《こうかん》な著作である。48年に第1巻が刊行され、全6巻、計5000頁を超えた。こうした一連の著作を顕彰し53年にノーベル文学賞が贈られた。

日本では全24巻から成る完訳が刊行されたが、ここに挙げた中公文庫は、太平洋戦争の叙述を中心に1冊にまとめたものである。他にもチャーチル自身が1巻に編集し直したものの訳も、河出文庫で4冊本として出版されている（佐藤亮一訳）。こちらは欧州戦を詳述してあり、彼の直截《ちょくせつ》で本質を突く記述に触れることができる。

私は高校生の頃、世界史を勉強しているときにチャーチルを知り、当時旺文社文庫で出ていた彼の自伝『わが青春期』を貪《むさぼ》るように読んだ。また30代初めの米国留学中には、原著6巻を古書店で購入し、アパートで読み耽《ふけ》った。

私が入手した第1巻の表紙の見返しページには、元の所有者による1949年の日付と、知人に宛てたメッセージが記されていた。本書に感動した米国人が友に贈ったものだったのだ。メッセージの書かれた40年後に入手した私が、さらに30年後にこうして本書の解説を書いている。雄弁な古典は世界を巡り、連綿と伝えられてゆくのである。

3行で要約！

・本質をつかみ、時機の到来を待て
・勝者は敗者を、完膚なきまでにたたきのめしてはならない
・雄弁で説得力のある文章は、世界を変える力を持つ

出典・ブックガイド

出典は『第二次大戦回顧録 抄』（ウィンストン・チャーチル著、毎日新聞社編訳、中公文庫／800円）。別訳として『第二次世界大戦』1・2・3・4（佐藤亮一訳、河出文庫／1～4すべて1200円）がある。また、関連書籍として『祖父チャーチルと私』（佐藤佐智子訳、法政大学出版局／3800円）がある。

孫武『孫子』

名文ピックアップ

彼を知り己を知れば、百戦して殆《あやう》からず

どんな本か？

中国古代の兵法家が、戦争を行う際の戦略と戦術について詳しく述べた。人間の行動と心理に関する深い洞察が基となり「戦わずに勝つ方法」を説く。著者自身の戦争経験から得た知恵をまとめたもので、簡にして要を得た格調高い文章としても有名。著者が仕えた呉王が勝ち残ったのは、本書に負うところが多いとされる。戦争論の古典として「呉子」「六韜《りくとう》」「三略」などをはじめ、洋の東西を問わず大きな影響を与えた。「孫子の兵法」と人口に膾炙《かいしゃ》しているように、現代社会にも役立つ「勝負の哲学」が語られる。

「戦わずして勝つ」最強の兵法書

紀元前5世紀ごろ、中国の春秋時代末期に著者の孫武《そんぶ》がいた。呉の国王に仕えた将軍で、呉が隣国の越と戦った体験を基に戦争の戦略と戦術に関して詳しく文書に記した。これが現在に伝わる『孫子』である。

本書は中国最古の兵書であり、特異な戦略の書として長く読み継がれてきた。具体的な戦争の仕方を記述しただけでなく、人間が生きていくうえで必要な知恵を語る優れた思想書でもある。特に、勝負に当たって人はどのように臨めばよいかを具体的に指南する。

第一の思想は、「戦わずして勝つ」ことである。相手と戦って勝利することよりも、戦わずして相手を屈服させるほうが、はるかに上策であると説くのだ。

たとえば、相手と百戦して百勝するのは決してよいことではない、と諭《さと》す。戦いのすべてに勝つためには、自らを消耗する。また、敵国を徹底的にたたきのめしてしまったのでは、たとえ戦いの後に敵国を得ても、その復旧に多大なエネルギーを使わざるをえない。

こうしたロスを減らすために、戦争全体のもたらす消耗を最小限に抑えることに考えを巡らす。しかも、戦う前にできるだけ戦わずに済む戦略を立てることを、本書は教えるのである。

孫武が経験した呉越戦争は、それまでの戦闘と異なり、大規模で長期にわたるものだった。ここで失われた甚大な経費や犠牲者を見て、革新的な「戦わぬ兵法」が考案された。最上の軍隊とは「敵の謀略を見抜いてそれを未然に打ち破ることであり、その次は、敵国と同盟国との外交関係を分断すること」（53頁）と述べる。

勝敗の大方は総兵力など戦いを始める前に決まっているものであり、もし戦いが始まったらできるだけ迅速に終息せよ、とも教える。後世「孫子の兵法」として有名になった戦略である。

どんな時にも「負けない」戦略を考える

第二の教えは、現実をよく観察せよということである。戦争では状況が刻一刻変化するので、その都度、現況を冷静に判断しなければならない。人はしばしば自分の思い込みによって状況の判断を誤る。こうならないために、不都合な事実も認識し、冷徹に事態を把握するのである。

「多数の樹木がゆらめき動くのは、敵軍がひそかにその中を進撃しているのである。

（中略）鳥がにわかに飛び立つのは、敵の伏兵がいるからである。獣が驚いて走り去るのは、敵軍の奇襲攻撃である。（中略）あちこちに砂埃《すなぼこり》が細く立ちのぼるのは、燃料となる薪《たきぎ》を採集しているのである」（121頁）。まるで情景が眼前にありありと浮かぶような精密で的確な観察ではないだろうか。

さらに、敵の勢力をつかむことと味方の情勢を知ることの両方を重要視する。有名な一節、「彼を知り己を知れば、百戦して殆《あやう》からず」（60頁）にあるように、戦いの前に徹底的な情報収集を行う大切さを説く。実は、このことは科学の現場でもまったく通用する。

研究成果の公表はインターナショナルの場での競争だ。科学者は世界中の同業者に競《せ》り勝って、新しい知見を誰よりも早く論文で発表しなければならない。敵（国外の研究者）と己（自分の研究グループ）の研究の進行状況を正確に把握しなければ、成果はわがものにならないのだ。

よって細心の注意を払って相手を観察し、その結果によって、時には方向転換を行う。ここでは希望的観測や思い込みは、極力排除しなければならない。本書が説く内容は科学者の考え方そのものであり、その合理性に私は非常に納得した。

本書がユニークなのは、単に戦いに勝つだけではなく、いかなる場合にも「負けない」戦略を考える点にある。必ず勝てる場所を見つけ出して、確実に勝利せよ、と説くのである。これは私自身が普段から心掛けている方法ともよく似ている。

敵の守りの薄いところを攻める

私は京都大学に移籍してきたときに、同僚の教授たちが本気でノーベル賞を狙っているのを知って驚いた。確かに、優秀な人材をたくさん集めて強力な研究室を主宰している世界的な研究者が何十人もいる。

しかし、彼らを眺めていて、研究競争を延々と続けるのはあまり得策ではないのではないか、と私はしだいに考えるようになった。確かに同年代ではそれなりの業績を携えて京大へ乗り込んできたのだが、ずっと「ナンバーワン」を維持するのはとても骨が折れる。幸か不幸か私の研究分野である地球科学には、ノーベル賞がない。競争の蟻《あり》地獄に飛び込むよりも、人がやらないことをして「オンリーワン」になるほうがずっと面白いのではないかと思ったのだ。

誰もしない研究をしてオンリーワンになれば、そのまま競争なしでナンバーワンである。本書には「攻撃して必ず勝利を得ることができるのは、敵の守りの薄いところを攻めるからである」（90頁）とある。これこそ最小のエネルギーで最大の成果を上げる方法ではないか。

私は同業の火山学者がやらない隙間《すきま》に仕事場を設定し、科学研究の成果を一般市民に伝える方法論を研究テーマとした。テレビ、ラジオ、新聞、雑誌、講演会などを通じて科学の面白さと重要性を訴えていく科学コミュニケーションが、私の新しい戦場となった。「孫子の兵法」の科学者への応用版である。

後に私はこの方法論を「隙間法《すきま》」と名づけて、『ラクして成果が上がる理系的仕事術』（PHP新書）に紹介した。隙間法を自分の新しい研究戦略のみならず、ビジネスパーソンにも広く活用してもらおうと思ったのである。

『孫子』はナポレオンやビル・ゲイツの愛読書でもあった。孫武の説いた「戦わずして勝つ方法」「負けない戦略」は、2500年経った現在でもまったく古びていない。

3行で要約!

- 戦わないで勝つのが最上。もし戦っても迅速に終結せよ
- 思い込みを捨て、現実を冷徹に観察せよ
- 「隙間法」で必ず勝てる場所を見つけて、確実に勝利せよ

出典・ブックガイド

出典は『孫子・三十六計』（孫武著、湯浅邦弘訳注、角川ソフィア文庫／680円）。別訳として『新訂　孫子』（金谷治訳注、岩波文庫／660円）、『孫子』（浅野裕一訳、講談社学術文庫／1050円）、『孫子』（町田三郎訳、中公文庫／590円）がある。

ヘンリー・フォード『藁《わら》のハンドル』

名文ピックアップ

産業の真の目的は、この世を良質で安価な生産物で満たして、人間の精神と肉体を、生存のための労苦から解放することにある

どんな本か?

世界で初めてベルトコンベヤー方式で自動車を大量生産することに成功した経営者の自伝。大企業に働くサラリーマンを20世紀に生み出した著者は、顧客と従業員への配慮を絶やさない。産業の目的は、良質な商品を安価で生産し、食べていくだけの生活から労働者を解放することとし、私腹を肥やすだけの企業運営を戒める。生産と経営の本質を見抜く視点

は、現代が抱える問題を浮かび上がらせる。さらに環境問題に着目し、80年以上も前にガソリン燃料からの脱却まで考えていた卓見が記されている。

すべては顧客と従業員のために

自動車王ヘンリー・フォードが1926年に書いた自伝は、「失業者が当たり前の時代をどう克服するか」という見出しで始まる。世界初の大量生産方式を作り出した経営者のモットーは、「働く気のある者には誰にでも生計の道を与え、この世界を泥沼から救いだし、貧困を追放」（14頁）することだった。

彼は自動車産業を起こすに当たり、資本家・労働者・大衆という図式で社会を固定的に考えることをやめた。「製品を買ってくれる大衆は、どこからともなく現われるのではない。経営者も従業員も、はたまた購買者層も、すべて一体なのである」（27頁）。すなわち彼は作る人自体が買わなければ会社の発展はない、と考えたのである。「だから、もしある事業が賃金を高く、価格を低く保つような経営ができないならば、その事業は自滅せざるをえない」（27頁）。これは私のように経済に疎《うと》い科学者にもよくわかる話である。

では、生じた利潤はどうするのか？「自社存続という美名のもと、利益を社内に蓄積することにのみ汲々としている経営者は、企業の社会的貢献（イコール自社の発展・社員の幸福）という第一義に無関心、もしくは鈍感な二流、三流の企業人と言えよう」（43頁）と喝破《かつぱ》する。生まれた利潤はつねに従業員を含む大衆へ還元せよ、と説くのである。

資本主義社会の基盤を作ったフォードは、利潤がひとりでに増長することに対しても警告を発する。「利潤は利潤を生むように見える。だから、利潤は愚かな使われ方をしがちだ。しかし、そのようなことをしたら、利潤は、自らの源泉を破壊し、消滅することになる。あまりにも高い利潤を要求する企業は、赤字経営の企業と同じぐらいはかなく消滅する」（76頁）と戒《いまし》める。

そして企業が隠れた危機を迎えるのは、実は事業の最盛期であるという。「膨大な株式を発行したり、生産からではなく紙切れから利潤を得たり、また真の価値に水増しして容易に利潤をあげたりする方法を、お金の力によって教えられる。そのために、多くの会社は、経営とはこんなものだという錯覚に陥り、誘惑に屈することになる。だがそれは経営というにはほど遠いものであり、一種の緩慢な自殺行為にすぎない」（67頁）。

今風に言えば、財テクが健全な企業経営を破壊するということにもなろう。近年、サブプライムローンの証券化商品により、世界中が経済危機に陥った現状を、フォードがまさに予言しているかのようだ。

麦藁でハンドルを作り、コストを半減

もともとエンジニアだったフォードは「経営は科学である」と語り、さまざまな科学的手法を経営に取り入れた。新しい製造工程を模索していた彼は、常にコストダウンを図る。邦訳のタイトル「藁のハンドル」も、こんなエピソードから来ている。フォードの本社があるミシガン州ディアボーンは、農場が多く、膨大な麦藁《むぎわら》があった。フォードはそれらを活用して硬質なゴムそっくりの物質を開発。それをハンドルに使ったところ従来の木材製に比べ、コストを半分ほどに抑えることができたという。

彼の願いは、従業員が食べ物を得るためだけのつらい仕事をするのではなく、生活を楽しみ豊かな人生を送ることであった。「産業の真の目的は、この世を良質で安価な生産物で満たして、人間の精神と肉体を、生存のための労苦から解放することにある」(94頁)。これはノーブレス・オブリージュの考え方そのものである。

労働者の教育が大切だと考えた彼は、後に「ヘンリー・フォード実業学校」を創設する。

「すべての人間が、自ら進んで物の道理を知るとはかぎらない。したがって、教育が必要となる。（中略）さらに、すべての人間が、（中略）最も貴重な財貨である時間を節約することをわきまえているわけではない。したがって、人々には教育が必要なのである」（39〜40頁）。自動車生産にまつわる科学的経営から、企業メセナを発現する彼の生き方は、私自身にも大きな影響を与えた。

仕事ばかりしていると、頭の働きが鈍くなる

フォードは紙切れで得る利潤を戒《いまし》めるだけでなく、労苦からの解放を真剣に説いた。そして、いつも仕事の能率を考えているのである。

ちなみに、彼の言う能率とは、「まずい方法をやめて、知り得るかぎりでの最もいい方法で仕事をする」（22頁）ことだ。そして「一所懸命に働くことと、重労働とは別なものである。一所懸命に働けば何かが生みだされるが、重労働は労働のうちで最も非生産的なものである」（128頁）と断言する。

効率を重視する彼は、生み出された時間を余暇に回せと説く。「始終仕事ばかりしていると、頭の働きが鈍くなる。また、遊んでばかりいても頭は役に立たなくなる。（中略）年がら年じゅう暇なしに働くことはたやすい。もっとも、そのうちに、頭は

空回りするようになる」（173〜174頁）。フォードは、働きながら私生活も充実させるワーク・ライフ・バランスの重要性を、いち早く唱導しているのである。

また、「経営者は、人間の喜びに無関心であってはならない。多くの経営者は、この言にうなずく。しかし、たいていの経営者は〝自分の喜び〟に関心が深いのであって大衆や従業員の喜びに思いをはせる人は、まことに少ない」（174～175頁）と嘆いたフォードは、研究所の建物の一隅を仕切って、ダンスホールとして開放した。

驚くべきことに、彼は環境問題へも着目している。「ガソリンの価格がある一定額を上回ったら、それに代わる燃料に変えることが実際的であろう」（88頁）。そして自動車の技術開発がやっと始まった頃に「予想される資源の枯渇《こかつ》や、材料の節約、さらに、代替材料や代替燃料の発見などに充分備えておく必要がある」（87～88頁）と指摘するのだ。

さらに「大都市集中から地方分散へ」（119頁）、「治療より予防が大事」（161頁）などの卓見が随所に見られる。病院経営にまで乗り出した彼は「健康であることが望ましいとすれば、そのための正しい食物があるはずである」（169頁）と結論づける。松下幸之助は「3年先を見通せれば経営の天才」と言ったが、フォードは1世紀先をも見通していたのである。

3行で要約！
・生まれた利潤は労働者と大衆に還元すべし
・重労働は、労働のうちで最も非生産的なものである
・経営者は、自分ではなく従業員の喜びに思いを馳《は》せよ

出典・ブックガイド
出典は『藁のハンドル』（ヘンリー・フォード著、竹村健一訳、中公文庫／743円）。フォードのおすすめ著作として『20世紀の巨人産業家　ヘンリー・フォードの軌跡』（豊土栄訳、創英社／品切れ）がある。

ギボン『ローマ帝国衰亡史』

名文ピックアップ

大型船が次々と潮に乗って運ばれ、家々の屋根に乗っかるのもあれば、また岸から二マイルほども離れた地点まで打ち上げられるのもあった

どんな本か？

西暦96年に始まる五賢帝統治による絶頂期から、東ローマ帝国が滅びるまでの1400年間にわたる長大な歴史を、格調高い英語で叙述した。繁栄を極めた巨大な帝国の衰亡にまつわる膨大な事件を縦横無尽に論じ、古代が終焉《しゅうえん》し近世が始まる歴史の流れを明晰に描いた。帝国が滅亡した原因を、社会の腐敗、外敵の侵入、キリスト教の発展などにより見事

――に説明し、無味乾燥な史実記載から脱した。人間の気高い行動と愚かな姿を雄弁に描く叙述は、英語文体の規範とされる。青年チャーチルが熟読したことでも有名。

古代から近世への「大河ドラマ」

紀元1世紀、トラヤヌス帝の時代に最大の繁栄期を迎えたローマ帝国。その後、外敵の侵略と内部の崩壊によって、坂道を転げ落ちるように衰亡し、1453年のコンスタンティノポリス陥落によってローマ帝国はついに消滅した。本書はこの間の帝国の歴史を描いた大著である。

単に史実を叙述しただけではなく、人物の描写や歴史観の提示に優れ、文学作品としての価値も有する。ギボンはローマ帝国の複雑多様な歴史の中から、ユニバーサルな現象を明らかにしようともくろみ、見事な成功を収めたのである。

ローマ帝国は優れた統治機構を持ち栄華を極めたが、皮肉にもそのことが帝国をむしばんでいった。「皇帝は一切の法的拘束から自由であり、専断の意志一つで、臣民の生命、財産を要求することもできるし、いや、帝国そのものをすら、世襲私産として処分することも勝手だとするのだった」（第一巻230頁）。

帝国民の利益追求が本務であるはずの為政者がこんなことをしていては、治世は緊張を失い、国家は滅亡へと転落する。皇帝を取り巻く貴族や軍人が奢侈《しゃし》と放蕩に耽《ふけ》った結果、社会全体が腐敗していったのである。

国家が滅亡したのは、ゲルマン民族やイスラムの侵攻だけではなく、内部の堕落と退廃からであった。戦乱期の国家経営よりも平和時の守りのほうが、はるかに難しい。敵は外ではなく身内にあることを、ローマ帝国の長大な歴史は教えてくれる。

アダム・スミスらが格調高い英文の手本に

西洋では歴史への深い理解が教養の基盤とされる。本書は1776年の刊行以来、長く読み継がれてきた。発刊当初にベストセラーとなり、後にロングセラーともなった。経済学者のアダム・スミス、哲学者のバートランド・ラッセル、インド首相のネルーなど、錚々《そうそう》たる知識人が本書の文体を格調高い英文の手本としてきたのである。

若かりし頃の英国首相ウィンストン・チャーチルも本書の虜《とりこ》になった。彼は赴任地のインドで全巻を食い入るように読破し、余白に感想を書き連ねていった。ここで高雅な叙述法を学んだチャーチルは、後に『第二次大戦回顧録』でノーベル文学賞を受賞することになる（本章296頁参照）。

私が本書に出合ったのは30歳代の初め、このチャーチルの自伝からだ。彼がギボンから正統な英語を学んだと知った後、私は自分もギボンで英語を勉強しようと考えた。大学で西洋古典学を専攻した友人の家で偶然、ハードカバーの原書を見た。古典はペーパーバックで飛ばし読みするものではない、と彼は言う。さっそく私は大きな活字で組まれた本を丸善洋書部から取り寄せ、ラッセルやチャーチルの感動を追認したのである。

実は、私は高校時代から歴史が大の苦手だった。人名や年代や地名を覚えなければならないのだが、暗記の不得手な私は覚えるそばから忘れていった。ところが本書に出合ってから、歴史という学問への見方が大きく変わった。

歴史は人物が作るストーリーである。生き生きと描かれた登場人物は、あたかも近くに立っているかのようだ。私は初めて歴史書をむさぼるように読んだ。本書は教養への優れた道案内をしてくれたのだった。

文庫本でも堂々10巻にわたる本書の翻訳は、東大英文科教授だった中野好夫から後輩の朱牟田《しゆむた》夏雄教授、そして中野の子息中野好之氏へとバトンタッチされ連綿と続けられた。当代きっての英語の使い手によって完訳された大部の古典は、日本翻訳出版文化賞も受賞した。今でも私はときどき旅行に携えて読み返している。

5万人が亡くなった巨大地震の現代への教訓

ローマ帝国は西暦365年に巨大地震に襲われた。「震動は海洋にまでおよび、地中海沿岸では突然水が退き海底が露出、夥《おびただ》しい魚群が手づかみでき、大型船すらが干潟に残される始末」（第四巻197頁）。地震とともに巨大な津波も発生した。しかも、第一波が引き波であったために海水が退き、人々は干上がった地面に取り残された魚を拾いに沖まで駆けていった。

まもなく逆流してきた大津波で、全員がおぼれ死んだ。「大型船が次々と潮に乗って運ばれ、家々の屋根に乗っかるのもあれば、また岸から二マイルほども離れた地点まで打ち上げられるのもあった」（同198頁）。これによって5万人が亡くなったことをギボンは記している。

地球科学の観点では、ローマ帝国の中心イタリアと日本には共通点がたくさんある。いずれも地表を覆う「プレート」と呼ばれる厚い岩板が地下へもぐり込む場所で、地震や噴火活動が活発なのである。両国とも世界でも第一級の変動帯にある。

本書に記された事件は、2011年に発生した東日本大震災の激甚災害とほとんど変わらない。巨大津波が東北地方の沿岸を襲い2万人近い方が犠牲もしくは行方不明者となった。つまり、海底で起きた地震の後に大きな津波が襲ってくるという地学現象は、21世紀の人類も脅かし続けているのである。

実は、西日本の太平洋岸で、2040年ごろまでに巨大地震が起きることを、地震学者はたびたび警告している。これは東海地震・東南海地震・南海地震という三つの巨大地震が立て続けに発生する「南海トラフ巨大地震」で、犠牲者の総数は32万人で被害総額は220兆円を超えると国は試算している。まさに東日本大震災より一桁大きい激甚災害となる「西日本大震災」の発生なのだ（拙著『日本の地下で何が起きているのか』岩波科学ライブラリーを参照）。

現在の技術では、地震予知はほとんど不可能に近い。したがって、予知できないことを前提に、国家の防災および減災計画を立てなければならない。ローマ帝国で起きた大地震に対して当時の人々は、「帝国の衰亡と世界終焉の兆《きざ》し」ではないかと考えた。地震に備えのない国は必ず滅びてゆくことも、歴史の教えるところである。

6400人を超える犠牲者を出した阪神・淡路大震災（1995年）の前、「関西には大地震は来ない」という迷信があった。神戸や大阪は地震を周期的に起こす活断層に囲まれているにもかかわらず、その事実が一般市民にはほとんど伝わっていなかったのだ。実は、阪神・淡路大震災を契機として、日本列島の内陸では直下型地震が増えている。これも地球科学が予測していることだが、西日本で内陸地震が増え続けたピーク付近で、先に述べた南海トラフ巨大地震が起きるのだ。
日本はどこにいても地震からは逃れられず、「揺れる大地」で生き延びる方策を常に考えなければならない。地球科学には「過去は未来を解く鍵」というフレーズがある。本書に書かれたローマ帝国市民の体験から私たち日本人が学ぶべきことは、決して少なくないのである。

3行で要約！
・外敵よりも内部の腐敗によって、国家は滅亡する
・人の営みを生き生きと描く闊達《かったつ》な叙述から、教養を学べ
・世界の変動帯で必ず起きる大震災の様子を、他山の石とせよ

出典・ブックガイド
出典は『ローマ帝国衰亡史』（エドワード・ギボン著、中野好夫ほか訳、ちくま学芸文庫／全10巻、全巻セット13900円）。別訳として『図説　ローマ帝国衰亡史』（吉村忠典ほか訳、東京書籍／6800円）、『［新訳］ローマ帝国衰亡史　普及版』上・下（中倉玄喜訳、PHP研究所／上・下とも950円）がある。また、関連書籍として『ギボン自伝』（中野好之訳、ちくま学芸文庫／1350円）がある。

マキアヴェリ『君主論』

名文ピックアップ

愛されるより恐れられるほうが、はるかに安全である

どんな本か？

弱小国フィレンツェ共和国の官僚として外敵の脅威にさらされ続けた自らの経験から、君主はどのように行動すべきかを詳しく論じた。新しく為政者となって民を支配し、権力を維持・発展するための方策を具体的に提言。たとえば、理想的な君主は「民衆に親しまれるよりは恐れられるべし」と説く。「目的遂行のためには手段を選ばず」という本書の内容を多くの人が非難し、後年、権謀術数主義を意味するマキアヴェリズムという言葉を生み出すことにもなった。刊行直後から現代まで賛否が絶えないという点でも真の古典。

食うか食われるかの時代のリーダーの極意

16世紀初頭に活躍したマキアヴェリは、フィレンツェ共和国の官僚を15年間ほど務めた人物である。彼が生きていた頃の中世イタリアは、小国に分裂し、互いに領地を奪い合っていた。隣接する大国フランスやスペインからも領地と財産を狙われる戦乱の時代であった。

有能な官僚として頭角を現したマキアヴェリは、しだいに外交交渉を任されていく。大国相手に苦労を重ね、さまざまなタイプの権力者と直接会うことにより、トップのあるべき姿を学んだ。その経験を若き君主メディチ家ロレンツォに生かしてもらおうと発案し、著したのが『君主論』である。

君主はどのような行動をとれば民を支配できるか、自らの実体験に基づいて直截《ちょくせつ》に語る。「慕われるより恐れられること。憎まれないこと。軽蔑されないこと。ときには冷酷になること」と、具体的に説く。

理想的な君主像として挙げられているのは、同時代に政治的手腕を発揮して権力者となったチェザーレ・ボルジアだ。この冷酷な為政者は最後に失脚してしまったのだが、その原因は宿敵だったユリウスを教皇に就《つ》けたこと、と人事の失敗を冷徹に分析する。

本書からは、動乱期のリーダーはどのように行動すべきかを学ぶことができる。当時のイタリアは、食うか食われるかの群雄割拠の時代。グローバル化に翻弄《ほんろう》される現代とも少なからず似ていよう。君主を経営者として読み替えれば、どれも現代で通用するアドバイスばかりである。

マキアヴェリは世間ではあまり人気がない。マキアヴェリズムという言葉にあるように、権謀術数や策略の代表とされているからだ。確かに『君主論』には、「目的を達成するためには、どのような手段を用いてもよい」という考え方がある。

しかし、そのベースは、実は私利私欲ではない。国を平定し戦争のない国家づくりをしたいという気高い信念があったのである。志《こころざし》ある目的のため非常時には手段を選ばなかったマキアヴェリの思想を、忘れてはならないだろう。

現代社会も利潤追求のためにあらゆる方策がとられ、善しあしに関係なく社会を動かす原動力となっている。このような現実にどう対処すべきか、マキアヴェリは好き嫌いを交えず極めて理性的に論じたのだ。

危機を感じ取り、具体的な対策を打て

マキアヴェリは、イタリアが自国の軍隊を持たず、傭兵制度に依存していることに強い危機感を表明した。国家の安全保障にかかわる危機管理の問題である。

たとえば、将来日本で確実に起きる大地震に対して、危機感を持っている人はさほど多くない。「正常化の偏見」という言葉があるが、誰もが「自分だけは大丈夫」と勝手に信じているからだ（拙著『生き抜くための地震学』ちくま新書を参照）。

火山学者である私は、噴火災害から一般市民を守る仕事にかかわっているが、マキアヴェリの現実を直視する姿勢と危機意識には、いつも強い共感を覚える。重要なことは、今は隠れて目に見えない危機を感じ取れるかどうかなのである。

マキアヴェリは、本当の災難が来る前に、危機管理システムを用意しておくべきだと主張する。彼が官僚として奔走した自国軍の設立は、その一つの例である。将来必ずやってくる危機を感じ取る感性と、それに対して具体的な対策を立てる理性。そのいずれもが肝要なのである。

マキアヴェリは多くの支配者たちと交渉を重ねた体験の積み重ねから、こうした感性を備えていった。本書で繰り広げられるさまざまな実例分析は、マキアヴェリの能力が磨かれていった軌跡でもある。

商家に学んだ生き延びる知恵

『君主論』はこれまでさまざまな読まれ方をしてきた。まず刊行直後からマキアヴェリの大胆な発想が非難を浴びた。聖職者たちは極悪非道な手段を肯定する悪書として大反対し、ローマ教皇庁は禁書目録に挙げて焼き捨てるように命じた。

その後も権謀術数の書としての弾劾は続く。18世紀にプロイセンを支配していたフリードリッヒ大王はマキアヴェリ批判を繰り広げ、先述したようにマキアヴェリズムというネガティブな言葉さえ生まれた。

一方、ただ反対するだけでなく、『君主論』から大事な情報を読み取ろうとする人物も現れた。たとえば思想家のルソーは、本書の目的は民衆支配のテクニックを公開することにある、という斬新な解釈を行った。

『君主論』の再評価が始まるのは、19世紀になってからである。哲学者のヘーゲルは、マキアヴェリが説いた戦略は彼の生きた時代と小国家が乱立する状況を考慮すれば至極もっともなことである、と擁護した。

20世紀になると歴史研究から興味深い事実が判明した。マキアヴェリが非人情だと言われる発想を得たのは、当時フィレンツェで活躍した大商人たちからであるという。商人たちは代々維持してきた店が危機に瀕したとき、なりふり構わず立て直しに奔走した。時には策略と奸計《かんけい》をめぐらし、伝統ある商家を守ったのだ。

彼らは子孫に伝えるべく秘伝の家訓を残していたのだが、それは打算に満ちた生き延びる知恵そのものであった。マキアヴェリが身近にいる大商人たちの戦略を見聞きしていたことが、『君主論』としてまとめられた、というのである。

この成り立ちゆえか、以後『君主論』は世界中の多くの経営者に読み継がれている。商人たちの知恵が詰まった本書は、人間の本質とリーダーの資質を知るうえで、現代にも通用する行動規範の教科書だからである。

『君主論』ほど、出版直後から世間を騒がせた本も珍しい。しかし、毀誉《きよ》褒貶《ほうへん》の多さは、それだけ多くの人の心に響いたということでもある。非難と絶賛の嵐に囲まれた本こそ、本当の意味での古典と呼べるのではないだろうか。

3行で要約！

・リーダーは、慕われるより恐れられたほうがいい

・将来やってくる危機を感じ取る感性と、それに応じて対策を立てる理性を磨け

・商家が生き延びるための秘伝の戦略を学び取れ

出典・ブックガイド

出典は『君主論』（ニッコロ・マキアヴェリ著、池田廉訳、中公文庫／800円）。別訳として『君主論』（佐々木毅訳、講談社学術文庫／800円）、『君主論』（河島英昭訳、岩波文庫／1010円）がある。また、マキアヴェリのおすすめ著作として『マキアヴェリ戦術論』（浜田幸策訳、原書房／3200円）がある。関連書籍として『わが友マキャヴェッリ——フィレンツェ存亡』1・2・3（塩野七生著、新潮文庫／1：460円、2：465円、3：490円）、『社長のためのマキアヴェリ入門』（鹿島茂著、中公文庫／648円）、『マキアヴェッリ語録』（塩野七生著、新潮文庫／520円）がある。

シェイクスピア『ジュリアス・シーザー』

名文ピックアップ

諸君にも涙があるなら、いまこそ流す用意をするがよい

どんな本か？

「ブルータス、おまえもか？」の有名な一節を含むローマ悲劇連作の第1作。史実を忠実に再現することよりも、人間の本性をえぐり出す見事な会話に、戯曲の真骨頂が表れている。全体は三つのヤマ場からなる。最初のヤマ場は凡人英雄シーザーの哀しい生と死の姿である。次のヤマ場はシーザー亡き後の権力闘争の場におけるアントニーの見事な弁舌。三つ目のヤマ場では、理念に生きるブルータスと現実主義者キャシアスの対立葛藤が描かれる。シェイクスピアが残した珠玉の戯曲を味わう際に一押しの一冊。

人間関係の力学を知る格好のテキスト

希代の劇作家シェイクスピア円熟期の傑作である本書は、コミュニケーションの指南書として読むことができる。ストーリーは誰もがよく知るローマ君主シーザーの暗殺と、その後のブルータスとアントニーによる権力闘争を軸とした歴史悲劇。描かれているのは、シェイクスピアによる鋭い人間観察と、人が言葉だけで易々《やすやす》と操られる現実の恐怖だ。人間関係の力学を知るための必読の書とも言えよう。

シーザーを暗殺したブルータスは、その理由を群衆に理解してもらおうと、知性と論理を駆使して口達者に訴える。ブルータスがシーザーの権力を欲していたことは紛れもない事実なのだが、彼はそのことを上手に論理の力で覆い隠す。

ローマ人の自由を守るためにシーザーを殺さなければならなかった、とブルータスは明快に説明する。彼が語る理念と崇高さは、物語の中に出てくる大衆だけでなく、読者をも徐々に納得させていく。だが、論理的にかつ整然と論じれば人が動く、と信じる実力者ブルータスの悲劇がここから始まる。

論理を操るブルータス、感情を操るアントニー

そしてブルータス以上に人心をつかむ演説として、アントニーによる見事な弁舌を次に描く。ブルータスの後に行われたシーザーに向かっての弔辞は、理知的なものとは異なるもう一つの雄弁術があることをわれわれに教えてくれる。アントニーは感情に訴える演説を行い、ローマ市民の心の中へ忍び込むのだ。

論理を操るブルータスに対して、感情を操るアントニー。その対比が鮮やかに描き分けられていることにまず注目していただきたい。一読すると、アントニーはブルータスをたたえているようでありながら、実は暗殺者ブルータスに対する民衆の怒りが徐々に引き出されるように語っている。その巧みな言葉遣いに、読者も取りつかれてしまうのだ。圧巻は、アントニーがシーザーの遺言状をかざしながら、民衆をあおる場面である。

「市民諸君、待ってもらいたい、読んではならんのです。いかに諸君をシーザーが愛していたか、諸君が知っては、よくないのだ。木石ならぬ、諸君もまた人間のはず。人間たる以上は、シーザーのこの遺言を聞けば、興奮して狂気のようになるでしょう。諸君こそが相続人であることなど、諸君としては知らぬ方がよいのです。なんとなれば、そんなことをもし知れば、ああ、どんなことになるか！」（111頁）。

こうしてほんの数頁で、先ほどまでの英雄ブルータスはたちまち反逆者にされてしまう。見事なせりふに驚愕しつつ、われわれは情動に訴える話術の効果を思い知るのである。

シェイクスピアの戯曲を読む意義は、ブルータスのような論理的な話術よりも、アントニーのような感情的な話法のほうが人々に強く訴えかける、ということを理解することにあるだろう。シェイクスピアの鋭い人間観察の真骨頂がここにある。

そして戯曲が小説よりも優れているのは、こうした場合の話術を逐語《ちくご》的に学べる点にある。世間を知るために、またブルータスの過ちを自分の人生で起こさないためにも、本書は参考になるのではないか。

シェイクスピアは、人の心をつかむ具体的な会話の運び方を見事に描き切っている。『ジュリアス・シーザー』は、人心掌握術の事例集として、現代人にこそ一度は読んでいただきたい古典なのである。

複数の名訳を読み比べ、効果的な言い回しを学ぶ

優れた戯曲には、現実には起こりそうもない世界を、人物の明確な性格描写とともに擬似体験できるという利点がある。意図的に浮き彫りにされた人間像が、読者の記憶にしっかりと刻みつけられるからである。シェイクスピアは話に激動と静寂のコン

トラストをつけ、読者を最後まで飽きさせない。

私が本書と出合ったのは学生時代のことだ。1970年代の後半、中野好夫という評論家がジャーナリズムの世界で、反核、反安保などをテーマに健筆を振るっていた。私は彼のリベラルな考え方に共感し、彼の本を読みあさっていた。

ほどなく中野が高名なシェイクスピア学者の元東大教授であることを知った私は、彼の翻訳書『ジュリアス・シーザー』を入手した。一読して私は戯曲の世界に魅了された。それまで評論や小説しか読んでいなかった私に、劇空間という新しい世界が現れたのだ。

劇作家はシェイクスピア以外にも現代まで数多く存在する。しかし、人間関係の機微を最も優れた形で描き出しているのは、シェイクスピアが筆頭なのではないか。それは、彼が生きていたエリザベス王朝期の舞台劇のあり方が影響しているように思う。

当時は今の寄席のような狭い空間で、観客と演じ手が、互いに接近した状態で上演していた。そのために観客は、現代よりも役者をずっと身近に感じ、せりふを細かく楽しむことができたのである。

さらに当時の演劇では舞台の背景が存在しなかった。装飾や小物がほとんどない舞台は、昨今の大仕掛けの劇場と異なり、言葉を重視する空間がつくり出されていた。

こうした中で一字一句をゆるがせにしないシェイクスピアの戯曲は、すべてのせりふが効果を狙っていると言える。日本語にも「劇的な」という言葉があるが、まさに劇中の会話の作り出す別世界を表わす形容詞である。

名訳者の中野好夫は、原文からそれてしまうぎりぎりのところで、明快な日本語で伝えてくれる。『ジュリアス・シーザー』から学ぶべきは、実はストーリーだけではない。劇作家シェイクスピアのたぐいまれなるせりふ回しなのである。

なお、『ジュリアス・シーザー』には、私が心酔した中野好夫のほかにも、福田恆存、小田島雄志、安西徹雄などによる優れた訳がある。これらを参照しながら、自分にとっていちばんピッタリとくる言い回しを学ぶこともできよう。

私は外国典籍に親しむときには複数の翻訳を読み比べることにしている。このような楽しみ方も、読者の皆さんに推奨したい古典の読み方のひとつである。

3行で要約!

・人心をつかむ会話の運び方を身に付けよ
・人々は論理的な話術より、感情に訴える話法に動かされる
・戯曲は、優れた性格描写で多くの人物を擬似体験できる

出典・ブックガイド

出典は『ジュリアス・シーザー』（ウィリアム・シェイクスピア著、中野好夫訳、岩波文庫／600円）。別訳として『ジュリアス・シーザー』（福田恆存訳、新潮文庫／460円）、『ジュリアス・シーザー』（小田島雄志訳、白水Uブックス／800円）、『ジュリアス・シーザー』（安西徹雄訳、光文社古典新訳文庫／520円）、『ジュリアス・シーザー』（松岡和子訳、ちくま文庫／820円）がある。

韓非『韓非子《かんぴし》』

名文ピックアップ

君主とは、賞罰によって臣下を統率する者をいう

どんな本か？

紀元前3世紀ごろ、戦国時代末期の中国で、性悪説を唱えた思想家の韓非が著した。人間を安易に信じない考え方を基盤とし、権力者がどのように部下と組織を維持してゆくかを細かく指示した。「部下の申告を鵜呑《うの》みにせず、必ず照合せよ」「実績によって賞罰を明確に与えよ」などの具体的な提言に富む。内容は非常に合理的であり、のちに成語となった「矛盾」「守株《しゅしゅ》」などのエピソードも数多く含む。帝王学のバイブルとしても長く読み継がれてきただけでなく、現代では経営者の多くが必読書に挙げる。

始皇帝に採用された性悪説のバイブル

『韓非子』は性悪説に基づいて書かれた中国の古典である。性悪説とは、人間は生まれつき悪であるから、外力によって制限しなければならないという考え方だ。

著者の韓非は韓王の妾腹《しょうふく》の子だった。自分の信じる性悪説の理念を韓王に説いたが、残念ながら取り上げられることはなかった。彼の説を採用したのは、韓の隣に位置する秦の若き王、政（のちの始皇帝）であった。政は韓非の教えをそのままに実行し、厳格な法治国家の原型を作り上げ、中国統一を成し遂げた。

性悪説の対極には、人間の本性は善であるとして、基本的に人を信頼する性善説がある。韓非が生まれる前の中国では、性善説が思想の中心にあった。たとえば儒教の経典である『論語』や『孟子』はその代表作である（第1章14頁参照）。

性善説を唱えた思想家は儒家《じゅか》と呼ばれ、彼らは「王の徳によって民を導きながらよい政治を行う」という徳治《とくち》思想を説いた。後に東洋全体の基本的な考え方となったものである。しかし、韓非の生きていた戦国時代には徳を持つ為政者が現れず、儒家の唱える性善説は説得力がなかった。

こうした現実を見ていた韓非は、性悪説を練り上げ『韓非子』として集大成した。

その中心には、法律によって人民を規制すべし、という発想がある。韓非とそれに続いて性悪説を唱える思想家は、「法」の字をとり法家《ほうか》と呼ばれる。

韓非は、賞罰を明確に規定した法律を国中に行き渡らせ、それを施行させるものとして官僚組織を利用しようとした。この発想に秦の始皇帝は大きな関心を抱き、韓非を手厚く迎え入れ厳格に実行しようとした。こうして、カリスマでもあった始皇帝による中央集権的な秦帝国が完成したのである。

科学的な「予測と制御」の発想

『韓非子』の教えの要諦《ようてい》は、際立った能力主義にある。それまでの君主が家臣の地位や俸禄を世襲により与えていたことに対して、戦功によって身分が決まるべきだとした。実際に秦では、信賞必罰によって人事が決められたのである。

とりわけ興味深いのは、この法治思想を官僚組織を用いて末端まで浸透させようとする発想である。性善説のように王の人徳で国を治めるのでは、隅々まで強制力を発揮できない。徳治思想では、実行されたりされなかったりのバラツキが生じるのだ。

こうした不確定性を徹底的に排除するために、韓非は誰にでも適用される法律を制定した。事細かに行動規制マニュアルを作成し、誰が行っても同じ結果が出るようにせよ、と命じた。そして彼は、法が国中でまったく同じように施行されるよう官僚組織に委《ゆだ》ねたのである。

『韓非子』は役人たちの職務を明確に規定し、仕事を怠った者を厳しく罰するように説く。一方、職務外の仕事をした役人には、越権行為をしたとして罰を与えた。どこでも完全に規則どおりの仕事が行われるようにしたのだ。極めて合理的であり、現代の国家が採用している方式とも類似する。

ところで、30歳代の私が中国古典に出合った頃、最初に『論語』『孟子』などの儒家から親しんだ。のちに法家の書物を読み始めてから、こちらの方がはるかに現実的な議論をしていることを知って私は驚いた。

人間の不安定なゆらぎに左右されないシステムに委ねる法家の考え方は、科学的な発想に近い。たとえば、個人が過ちを起こしても全体としては大きな失敗にならないシステムがある。フェールセーフ（fail-safe）と呼ばれる考え方だが、現代社会のさまざまな場所で適用されている。『韓非子』にはこうした発想が至る所に見受けられるのだ。

ちなみに科学の大事な性質に「予測と制御」というものがある。たとえば耐震設計では地震の揺れを想定し、それに負けないビルを建造する。また、活火山の噴火を予知し、事前に避難経路を確保する。

このようにトラブルの発生を前もって予測し、それが起こらないように制御し回避する能力を、科学は持っている。韓非が主張したかったことは、人は最終的に己の利益で動くことを念頭に置き、さまざまなケースを想定した「予測と制御」だったと考えられる。

「清濁併せのむ」中国思想の妙味

『韓非子』を採用した秦帝国は、建国後わずか15年で崩壊してしまった。その原因は、極端な法治思想が実際には機能しなかったためと考えられている。

広大な国土の中で、人々はそれまでの生き方を簡単には変えられなかった。官僚組織の末端にいる役人は、中央からの指令どおりには動かなかったのである。彼らは現実と妥協して物事を中途半端に進めた結果、法治国家は次第に崩れていった。図らずも、人間は法律だけで動くものではない、という壮大な実験結果を残すこととなったのだ。

秦帝国の失敗は、次の時代に中国を支配した漢王朝で生かされる。皇帝の徳によって民を治め、法律がそれを補佐した。つまり儒家と法家の折衷案で統治することになったのだ。こうして『韓非子』の法治思想は、徳治思想をサポートするテクニックとして残された。

ここには中国思想の奥行きの深さが感じられる。「清濁併《あわ》せのむ」という言葉があるが、清い＝善だけでもダメ、濁り＝悪だけでもダメなのだ。世を治めるには性善説と性悪説の両方を使えばよい、という新しい知恵が生まれたのである。

法家の古典は、人に癒《いや》しを与えてくれる儒家や道家《どうか》と異なり、あまり人気がない。しかし、性悪説は人間の行動に関する一つの重要な見方であり、為政者への指南書として読み継がれてきた。たとえば、『三国志』に登場する軍師諸葛孔明《しょかつこうめい》は、若い主君に『韓非子』から政治のコツを学ぶよう進言した。今でも多くの経営者がリーダーの必読書として本書をすすめている。

『韓非子』は、人を率いる心得や組織管理のあり方を教えてくれる。文章は明快で比喩《ひゆ》が優れており、わかりやすい。中国古典は、儒家と法家からバランスよく学ぶとよいのではないか。

3行で要約！

・賞罰を厳格に管理する組織を徹底し、巨大な帝国を築いた
・人間の不安定なゆらぎに左右されないシステムを
・性悪説だけの組織は崩壊する。性善説も取り入れよ

出典・ブックガイド

出典は『韓非子』（韓非著、西野広祥、市川宏訳、徳間文庫 Kindle 版／1800円）。別訳として『韓非子』（西川靖二訳、角川ソフィア文庫／680円）、『韓非子』第一冊・第二冊・第三冊・第四冊（金谷治訳、岩波文庫／第一冊：970円、第二冊：920円、第三冊：1010円、第四冊：900円）、『韓非子』上・下（町田三郎訳、中公文庫／絶版）、『［新訳］韓非子』（西野広祥訳、PHP研究所／品切れ重版未定）がある。

第8章

読書が変える人生

カント『啓蒙とは何か』

名文ピックアップ

「知る勇気をもて」すなわち「自分の理性を使う勇気をもて」ということ

どんな本か？

他人の指示がなければ理性を使うことができない人は、いつまでも「未成年状態」にとどまる。啓蒙《けいもう》は、人間がこうした指示待ちの状態から抜け出るために必要である。著者は、理性の行使を阻む要因として、考えるのが嫌いな本人と、考えさせたくない後見人の存在を明らかにする。また、理性の使い方を公的・私的の二つに分け、社会秩序を守りながら高いレベルで思考する方法を提示する。カント哲学の基盤をわかりやすく論じたもので、自分で考え始めるためのよい指南書。

考えない人は「家畜」と同じ

「啓蒙とは何か。それは人間が、みずから招いた未成年の状態から抜けでることだ」（10頁）と始まる本書は、カントが一般人向けにわかりやすく書いた論説である。未成年状態とは「他人の指示を仰がなければ自分の理性を使うことができない」（10頁）状況のことを言う。

ではなぜ、人は理性を使わないのか。理由の一つは「死ぬまで他人の指示を仰ぎたいと思っているのである。（中略）その原因は人間の怠慢と臆病にある。というのも、未成年の状態にとどまっているのは、なんとも楽なことだからだ」（10〜11頁）。人はもともと自分で考えることが嫌いなのだ、とカントは見抜くのである。「お金さえ払えば、考える必要などない。考えるという面倒な仕事は、他人がひきうけてくれるからだ」（11頁）。こうした人にとって、社会は便利にできている。「自分の理性を働かせる代わりに書物に頼り、良心を働かせる代わりに牧師に頼り、自分で食事を節制する代わりに医者に食餌療法《しょくじ》を処方」（11頁）してもらえば済むからだ。

もう一つ、人が理性を使わない大きな理由がある。「未成年の状態から抜けだすための一歩を踏みだすことは困難で、きわめて危険なことだと考える」（11頁）ように、社会から仕向けられているからである。これに加えて、「人々は、理性を使う訓練すら、うけていない。そして人々をつねにこうした未成年の状態においておくために、さまざまな法規や決まりごとが設けられている」（12頁）とカントは種明かしする。

では、考える自由があるにもかかわらず、なぜこうした状況に陥るのか。それは「あつかましくも他人の後見人と僭称《せんしょう》したがる人々も跡を絶たない」（10頁）からだ。考えない人たちの背後で、悪がしこい後見人たちが手ぐすねを引いて待っているのである。

その結果、「後見人とやらは、飼っている家畜たちを愚かな者」（11頁）のままに捉え置こうとする。後見人は「家畜たちを歩行器のうちにとじこめておき、この穏やかな家畜たちが外にでることなど考えもしないように、細心に配慮しておく。そして家畜がひとりで外にでようとしたら、とても危険なことになると脅かしておくのだ」（11頁）。考えない人は、実は「家畜」と同じなのである。

これは18世紀の話、と対岸の火事のように思ってはならない。現代社会ではカントの時代以上に、人にものを考えさせないシステムが強固にできている。かつてカントが主張したように、今こそわれわれが「家畜状態」に置かれていることに怒りを覚えてほしい。

カントは啓蒙の最終目的について「知る勇気をもて」、すなわち「自分の理性を使う勇気をもて」(10頁)と述べる。カントは主著『純粋理性批判』の中で、哲学は「学ぶ」ものではなく「する」ものであると説いた。本当は、「哲学する」主人公は、過去の哲学者ではなく読者自身なのである。

書物を読み新しい情報を得たら、鵜呑みをせず、まず自分なりに考えていただきたい。自ら思索をしてみると、今まで見えなかったものが見えるようになる。それが「家畜状態」から抜け出す第一歩なのである。

「公的な理性」と「私的な理性」

人は一人で生きているのではなく、たいてい組織の中に組み込まれて生活している。カントは自分の頭で考えることを推奨するが、一方で他者や組織を無視してはならない、とも呼びかける。カントはここで「公的」と「私的」という言葉を用いて説明する。

自分の頭で考えるには、自由に考える環境があればよい。この自由とは、「自由のうちでもっとも無害な自由、すなわち自分の理性をあらゆるところで公的に使用する自由」(14頁)である。そして「理性の公的な利用だけが、人類に啓蒙をもたらすことができる」(15頁)と説く。元来、啓蒙とは蒙《もう》を啓《ひら》く、すなわち頭を覆って暗くしている蓋《ふた》のようなものを開けて明るくする意味だが、ここで理性を「公的」に使うのである。

一方でカントは、理性の「私的」な利用は、場合によっては制限されてもやむをえない、と考える。「理性の私的な利用はきわめて厳しく制約されることもあるが、これを制約しても啓蒙の進展がとくに妨げられるわけではない」(15頁)と主張する。たとえば、公務員は勤めている組織の命令に従わなければならない。命令は間違っていると考えて、命令に従わないことを、カントは「私的な理性」と判断し却下する。「公的な利害がかかわる多くの業務では、公務員がひたすら受動的にふるまう仕組みが必要なことが多い。(中略)公共の目的の実現が妨げられないようにする必要があるからだ」(15頁)。

また、公務員の立場ですべき発言内容と、自分の個人的な考えが違うこともありえよう。こうした場合に、自分の考えを一方的に発言しては「私的な理性」となり、社会の秩序を乱してしまう。しかし、一方で、一個の人間として大きな視点で考えることは非常に大切であり、これをカントは「公的な理性」と見なす。

自らの頭で考え始めた結果、何かおかしいと思うことが見つかったら、少し大きな視点で考え直してみる。たとえば、会社内から業種全体の視点で、また国のレベルで、人類のレベルで、地球史46億年のスケールで考え直してみよう。自分の思考を深めながら「私的な理性」から「公的な理性」へ進むことが、まさにカントが説く啓蒙の成果なのである。

カントの思想が学べる最もわかりやすい書物

私が本書を初めて手にしたのは大学生の頃である。生協の書籍部でカントの著作を探していたのだが、初めて読むなら最も有名な『純粋理性批判』にしようとレジへ持って行った。そこで偶然出会った文学部の友人が、「鎌田、それは無謀だ。最初はこれから読め」と教えてくれたのが岩波文庫『啓蒙とは何か』だった。

カントと言えば難解な哲学者の代表格である。明治以来、日本の知識人は難解な三批判書（『純粋理性批判』『実践理性批判』『判断力批判』の三書）に悩まされてきた。しかし、優れた著者には易しく書かれた本が必ず存在する。プラトンでは『ソクラテスの弁明』、デカルトでは『方法序説』、ショウペンハウエルでは『読書について』、ヘーゲルでは『哲学入門』である。

本書は新訳で、「悟性」という専門用語が日常用語の「理性」と訳されるなどして、格段に読みやすくなっている。こうしたいくつもの工夫のおかげで、カントは難しくなくなった。本書を手掛かりに思想家カントの知的な世界へぜひ入門していただきたい。

3行で要約！

・理性のいらない家畜状態に怒りを覚え、考え始めよ
・社会秩序を守りつつ、より高い位置から判断せよ
・難解な哲学者でも、わかりやすい著作が必ずある

出典・ブックガイド

出典は『永遠平和のために／啓蒙とは何か　他3篇』（イマヌエル・カント著、中山元訳、光文社古典新訳文庫／700円）。別訳として『啓蒙とは何か　他四篇』（篠田英雄訳、岩波文庫／720円）がある。また、関連書籍として『カント入門』（石川文康著、ちくま新書／780円）、『カントの人間学』（中島義道著、講談社現代新書／760円）がある。

ブルクハルト『イタリア・ルネサンスの文化』

名文ピックアップ

政権を握った党派の交替が頻繁になればなるほど、各個人は、政権の行使と享受に際して、ますます気をひきしめてかからねばならなかった

どんな本か？

歴史家のブルクハルトが、ルネサンス時代の出来事や考え方を詳細に分析し、個性の確立こそがルネサンス文化の礎《いしずえ》であると示した。その際に、細かい歴史的事実や評価に煩《わずら》わされることなく、文化発展の全体像を明確に描く。また、個々の記述には緊張と弛緩の工夫がなされ、芸術的なほど見事な文章表現となっている。さらに文化のみならず近代的な国

家と社会がどう現れたかも見据えていく。深い歴史理解を背景としたルネサンス文化研究として、後世の大きな基盤となった。

ルネサンスは天才だけが牽引したのではない

かつてイタリアの芸術都市フィレンツェを訪れた際、私は絢爛《けんらん》豪華なルネサンスの遺産に圧倒された。これらをいったいどのように理解・消化すればよいのかと迷った揚げ句、本書を手に取った。

ルネサンスとは「再生」を意味するフランス語である。神中心の考え方から人間中心の近代文化へ転換した運動のことで、「文芸復興」とも訳される。19世紀の歴史家ブルクハルトは、この時期の芸術と社会を研究し、画期的な業績となる本書を著した。

彼は固定観念を退け、自由奔放にルネサンス文化と国家の本質をあぶり出した。具体的には14世紀から16世紀のイタリア人の生活を詳細に分析し、著名人だけでなく民衆の価値観や思考法を通してルネサンスという時代を明らかにしたのである。

フィレンツェの文化遺産は、メディチ家をはじめとする豪商たちの援助によって成立した。彼らの権力誇示のため、美術品の需要が非常に高かったのだが、資金の投入だけでは時代を超える偉業は生まれない。本書には、人々が自分の頭で思考を始めた結果としてルネサンス文化が誕生したことが、見事に解き明かされる。この時代には、一人ひとりが自らの頭で考える機会が増えた。たとえば共和国の都市で、「政権を握った党派の交替が頻繁になればなるほど、各個人は、政権の行使と享受に際して、ますます気をひきしめてかからねばならなかった」（166頁）。すなわち、支配階級とキリスト教の世界観や古い慣習にとらわれることなく、自分が信じたよいものを一個人として判断するようになったのだ。

実は、ルネサンスは天才だけが牽引したのではない。民衆の作る豊かな社会と国家が、その天才たちを生み出したのである。どの時代についても言えることだが、豊穣な土地がなければオリジナルな発想は出現しない。

本書は、個人の価値を最上とする考え方に貫かれている。個性の発展こそが文化の源であり、新しいものを産み出すためには、思考も行動も誰にも縛られてはならないのだ。とはいえ、ルネサンス期は徒《いたずら》に自由奔放だったわけではない。封建制の要求するさまざまな制限や精神的な規範が数多く残る中で、これらに対抗して個性を最大限に発揮しようという人々の葛藤があった。

本書の第二章「個人の発展」で展開されるエピソードは、躍動感に満ちている。登場人物はさして有名ではないが、いずれも教養豊かで思慮深い。確かにルネサンスはスーパースターを大量に輩出したが、彼らにだけ着目したのでは全体を見誤る。自己に目覚めた民衆が時代の常識と価値観を変えていったからこそ、スターが誕生したのである。

本書に記された、自分の頭脳で考え始めた人々のエピソードは、今のわれわれに何が欠けているのかを知る大きな手掛かりになるだろう。

城壁の外に出た個性

時は巨大なローマ帝国が崩壊し、小さな君主国家が乱立していた時期のイタリアである。「精緻な構築体としての国家」と呼ばれる小国間で、外交交渉が盛んに行われた時代背景をもとに、著者は文化のルーツを明らかにする。

実はルネサンスを学ぶことは、西洋文明のルーツを知ることにつながる。本書では、思想や哲学だけでなく、生活習慣や趣味も含めた文化の起源をたどることができる。これは現代の文化と社会を理解するうえでも、とても大切なことである。

ルネサンス以前の人々は、「自己を種族、民族、党派、団体、家族（の一要素）として、あるいはその他なにかある普遍的なものとして認識していたにすぎなかった」（163頁）。

すなわち、民衆は集団を構成する一つのパーツとしてしか見なされず、没個性の状況であった。これがルネサンス期になると個人が主役になり、客観的な認識から主観的な認識へと大きく変わる。これによって初めて古代の学芸復興が可能になったのである。

著者はこうした変化を、人々の暮らしや習俗からていねいに読み取っていく。たとえば、マナーの作法はこの頃から発達した。礼儀作法の入門書が初めて出版されたのが、ちょうどこの時期なのである。習慣が異なる他国の人々と気持ちよくコミュニケーションするために、好感を持たれる立ち居振る舞いが必要となってきたからだ。

このことは、城壁の中にこもって暮らしていた人々が外へ出て、互いに交流しながら生きていく時代へと移り変わってきたことを物語る。すなわち、ルネサンスとは「世界標準」の視点で考え始める起点でもあったのである。

細部に振り回されず本質をつかむ

歴史家の書く本には年代や史実の羅列が実に多い。私のような門外漢は閉口するのだが、本書は数少ない例外である。著者は歴史上の膨大な文献や細部に振り回されることなく、歴史の大きな「スジ」を明らかにしようとする。さまざまな情報を咀嚼《そしゃく》し、有機的かつ緻密にまとめ上げているのだ。

ところで、学者には「モノ派」と「スジ派」の二つのパターンがある。「モノ派」とは、私の研究分野で言うと、火山の地形や鉱物結晶の美しさに大きな関心を持つ研究者である。一方、「スジ派」とは、地球の年代を考えたり、大陸が移動したりすることに興味を持つ学者だ。

ルネサンス期の研究で言えば、「モノ派」は彫刻や建築物など物そのものに興味を持つ人で、「スジ派」は彫刻や建築の新しい概念や流行などの筋を追うことに関心を抱く人だ。

著者がルネサンスの全体像を鮮やかに提示する姿勢は、まさに「スジ派」そのものである。すなわち事実の因果関係を見て歴史を筋としてとらえ、時代の本質をえぐり出す。具体的には、民衆の価値観や思考を通じて文化の一大転換を解読した。その結果、歴史を作り出した人と国家の本性があぶり出されてきたのである。

本書には、ディテールにとらわれず全体の流れや本質をつかむ方法が明瞭に示される。言うなれば、この本自体がルネサンス的な総合芸術そのものとなっているのだ。著者自身、刊行後に「本書をこの3倍に厚くしなかったことは褒《ほ》められてよい」と述べたそうだ。こうした「スジ派」の方法論は、歴史学や自然科学のみならずさまざまな分野でも役立つだろう。

3行で要約!

・時代の流れを変えるのは、つねに民衆である
・ルネサンスを知ることで、現代文化のルーツが理解できる
・ディテールにとらわれず、全体をつかむ方法論を学べ

出典・ブックガイド

出典は『イタリア・ルネサンスの文化』（ヤーコプ・ブルクハルト著、新井靖一訳、筑摩書房／7000円。文庫版に改版中）。別訳として『イタリア・ルネサンスの文化』上・下（柴田治三郎訳、中公文庫／上：781円、下：800円）、『イタリア・ルネサンスの文化』Ⅰ・Ⅱ（柴田治三郎訳、中公クラシックス／絶版）がある。また、ブルクハルトのおすすめ著作として『世界史的考察』（新井靖一訳、ちくま学芸文庫／1500円）がある。

ソロー『森の生活』

名文ピックアップ

古典こそが最も崇高な記録に残された人間の思想であり、これに代るものが一体どこにあるだろうか？

どんな本か？

米国マサチューセッツ州ボストン郊外のウォールデン池のほとりで過ごした2年2カ月の静かな生活の描写。28歳の著者は自給自足の生活をしながら最小限のもので暮らすことを思い立った。大自然に囲まれた孤独な生活を楽しみ、多くの偉大な古典を読む。森を散策しながら直観を研《と》ぎ澄まし、友と呼ぶ木々や生き物たちと語り合う。徹底した個人主義の視点に立ち社会と人類のあり方、経済や人生の意味などを考える。こうして森の中の思索で得た洞察を現実社会に役立てた。なお、格調高い文章は米国文学の古典となった。

刺激と欲望に取り囲まれた日常からの解放

現代人はいつも刺激に囲まれている。会社であれ家庭であれ、絶えず目標に追いかけられている。著者のソローは、刺激や欲望でがんじがらめになった生活からいったん離れてみることをすすめる。彼自身が街の喧噪を避け、誰もいない土地に実験的に暮らしてみた。本書はその豊かな経験をつづったエッセイである。

著者はこう述べる。「私が森へ赴《おもむ》いたのは、人生の重要な諸事実に臨むことで、慎重に生きたいと望んだからである。さらに、（中略）私が死を目前にした時、私が本当の人生を生きたということを発見したいと望んだからである」（139頁）。

アメリカ文芸復興が始まった1850年代、ソローは人文主義者のエマソンやホイットマンらと行動を共にする。名門ハーバード大学を出ながらこれといった職にも就かず、執筆や講演の日々を過ごす。そしてあるとき、人々との接触を可能なかぎり避けた森の生活に入ってみた。

見栄や欲望から解き放たれて生きる時間が、人生では必要である。社会が要求する生産性から一時的に逃れて、物質中心の効率的な生活に歯止めをかけてみる。深い森に入った著者は、生きていくために必要な仕事だけを行い、最小限の物資だけで暮らす。その中で「生きるための事実」を探してみたいと考えたのである。

著者は単調な生活が惰性に陥らないよう、つねに注意を払っていた。「注目すべきことは、どのようにして人は知らず識らずのうちに、あるきまった生活にはまり込んで、自分自身の慣れ親しんできたやり方を踏襲するか、ということである」（464頁）。彼は怠惰な習慣から抜け出すことの困難さを熟知していたのである。そして森の生活で育んだ感性によって、「自らを活性化させよ」という声に耳を傾けるようにした。

私はかつて米国西部ワシントン州の小さな街に暮らしている折に、同僚の火山学者から本書を紹介された。ソローは米国の知識人の間では有名で、大抵の人がその著作に親しんでいる。森の生活を静かにつづる本書が、科学者たちにも敬意を抱かれ長く読み継がれていた。しかも彼らとの会話から、文学のみならず環境思想の古典とも見なされていることを知ったのである。

私自身、ソローのような感覚に浸《ひた》りたくなると、火山の中に出掛ける。お気に入りの場所は、北海道・摩周湖の北東にある神の子池である。あらゆる音は自然に取り込まれ、静謐《せいひつ》な空気が流れている。独特の神秘的な雰囲気に包まれながら、神の子池のほとりで瞑想する。済み切った大気の中をそよぐ風は、私の思考を研《と》ぎ澄ます。私は何を行えばよいのか。最も大切なことは何か。いったい真理はあるのだろうか……。たとえ短くてもよいからこうした時間を作り出し、目標追求を一時的に停止してみることが、人生ではとても大切である。我が身を振り返りながら、感性を鋭敏にしてみるのである。どう工夫すれば著者の精神を日々の生活に取り入れられるだろう？　こう考えるのもまた楽しい思索ではないだろうか。

古典を繙く際の心がけ

ウォールデン池のほとりに暮らす著者は、毎朝ホメーロスの『イリアス』を読む。大学時代に習得したギリシャ語を思い出し、ギリシャ古典文学を原語で読む生活が続くのである。彼はこう語る。

「古典こそが最も崇高な記録に残された人間の思想であり、これに代るものが一体どこにあるだろうか？（中略）最も今日的な問いかけに対して答えてくれる（中略）本物の書物を本物の精神で読むことは高尚な修練なのである」（155頁）。

書籍は今でも最も簡単に手に入る人類の財産である。まして古典は何百年何千年もの間、歴史の篩《ふるい》にかけられ生き残ったものたちだ。あふれ出る人間の遺産の扉を開けない手はない。思いもかけぬ生き方が展開し、自分の人生が豊かになることに疑いはない。

ただし、古典の読書も読み手の心掛け次第で変わってくる。よく考えながら読むのでなければ知恵は得られない。「われわれは細心の注意を払って読書し、しかも自らの覚醒を促《うなが》しながら、最大限に精神を集中して読まなければならない。このようなことをするのが、まさに程度の高い読書というものである」（160頁）。

著者は森の生活をし、自分の頭でよくかみ砕きながら、静かに古典を読み進めていった。人生の無駄をいっさい省いた清々《すがすが》しい環境で、背筋を伸ばして読書にいそしんだのである。その姿は修行僧の姿に似ていたかもしれない。私たちも古典をこのような心境で読んでみたいものである。

充電を行動力に転換する

著者は単なる世捨て人でも引きこもりでもなかった。2年2カ月の長期にわたる森の生活の後に、再び街へ出る。ロングバケーションは終わったのである。心身ともに満ちた著者は、奴隷解放運動や人間中心主義の作家としての活動を始めた。すなわち、森の生活で得た精神世界と知的洞察の経験を、社会に役立てようとしたのだ。

その後、彼の考え方は、黒人解放運動を指導したキング牧師やベトナム反戦運動に立ち上がった作家ノーマン・メイラーなどにも大きな影響を与えた。

森の中で隠棲《いんせい》の生活を続けるだけでは、人生の意味はさほど多くはならない。森に入る前と出てきた後で、著者がどれだけ変化したかを、読者は本書の最後で知ることができる。

「私は森に入った時と同じ理由でそこを去ったのである。どうやら、私には生きるためには、もっと別な生活をしなければいけないように思えた。だから、森の生活のためにのみ時間を割《さ》くことは出来なかった」（463～464頁）。このくだりは私がいちばん好きな箇所で、ここを読むといつも力が湧《わ》いてくる。

自分の置かれた環境と積極的にかかわることで、精神は成長する。いっとき世間から遠ざかって思索を積むことはとても大切だが、その思索は最後に現実の世界で役立たせなければならない。著者は自らの直観に基づき、こうした行動を起こしたのだ。その実行力は、今なお不滅である。

3行で要約！

・目標追求を一時的に停止し、思索する時間を作り出そう
・自分の頭でよく考えながら、静かに古典を読む習慣を持て
・自らの感性を活性化し、現実世界での行動を起こそう

出典・ブックガイド

出典は『森の生活』（ヘンリー・ソロー著、佐渡谷重信訳、講談社学術文庫／1450円）。別訳として『森の生活　ウォールデン』上・下（飯田実訳、岩波文庫／上：840円、下：840円）、『ウォールデン　森の生活』上・下（今泉吉晴訳、小学館文庫／各850円）、『新装版　森の生活』（真崎義博訳、本山賢司イラスト、宝島社／2648円）、『森の生活　ウォールデン』（真崎義博訳、宝島社文庫／品切れ）などがある。ソローのおすすめ著作として『市民の反抗　他五篇』（H・D・ソロー著、飯田実訳、岩波文庫／970円）がある。

ショウペンハウエル『読書について』

名文ピックアップ

量では断然見劣りしても、いくども考えぬいた知識であればその価値ははるかに高い

どんな本か？

本書は表題の「読書について」のほか、「思索」「著作と文体」という三つのテーマで構成される。3篇あわせて150頁足らずの薄い本の中に、人が本を読む行動の本質を鮮やかに提示する。「読書とは他人にものを考えてもらうこと」という警句を発し、読書する行為そのものについて吟味する。良書を読むための条件は、ひとえに悪書を読まぬことだ。

――また、難しい本は書いた人が悪い、と指摘。著者は考えの浅い書き手を容赦なく批判し、まず古典を読めと力説する。

読むべき本、それは古典である

哲学者のショウペンハウエルは、まず読書そのものに懐疑の目を向ける。「読書は、他人にものを考えてもらうこと」（127頁）であるから、ほどほどにせよと言う。「まる一日を多読に費やす勤勉な人間は、しだいに自分でものを考える力を失って行く」（128頁）と警告する。

したがって、まず無益な本を読まずに済ます「技術」が重要だ、と説く。すなわち、「多数の読者がそのつどむさぼり読むものに、我遅れじとばかり、手を出さないことである。たとえば、読書界に大騒動を起こし、出版された途端に増版に増版を重ねるような」（133頁）本に時間を割いてはならないのである。

一方で、読む価値のある本についても、彼は明快に指南する。「比類なく卓越した精神の持ち主、すなわちあらゆる時代、あらゆる民族の生んだ天才の作品だけを熟読すべきである」（134頁）。つまり、古典を読めば間違いなく、とりわけギリシャ・ローマの古典に勝るものはないと断言する。

「たとえわずか半時間でも、古典の大作家のものであればだれのものでもよい。わずか半時間でもそれを手にすれば、ただちに精神はさわやかになり、気分も軽やかになる」（139頁）。なるほど、30分であれば通勤や通学の時間でも古典の読書が可能ではないか。

実は、歴史の篩《ふるい》に残った古典を読んでいると、次第に良い本の見分けがつくようになる。私が古典を推奨するのも、氾濫する新刊本の中から現代に必要な良書を見いだす心眼が養われるからだ。古典は決して古きよき時代を懐かしむだけのものではないのである。

多読には弊害もある

著者は読書と思索のバランスについても論じる。万巻の書を読み、膨大な知識があっても、整理されていなければ役には立たない。この整理をする作業が、思索なのである。

「いかに多量にかき集めても、自分で考えぬいた知識でなければその価値は疑問で、量では断然見劣りしても、いくども考えぬいた知識であればその価値ははるかに高い」（5頁）。

思索と読書とでは、人間の精神に及ぼす影響が大きく異なる。「自ら思索する精神は（中略）自らの衝動に従って動く。（中略）精神にただ一つの既成の思想さえ押しつけず、ただ素材と機会を提供してその天分とその時の気分にかなった問題を思索」（7頁）するのが精神には一番よいのである。

他方、「読書は精神に思想をおしつける」（6頁）ため、「読書にいそしむ精神が外から受ける圧迫ははなはだしい」（7頁）。それが行き過ぎてしまうと「多読は精神から弾力性をことごとく奪い去る」（同頁）ことになりかねない。すなわち、本の読みすぎは思考力を落とす。読書でも、過ぎたるはなお及ばざるが如《ごと》しなのである。

といって、単純に読書をやめてしまえばよいのではない。思索しようと思っても、誰でもそう簡単に思索できるわけではないからだ。本物の思索は「その到来を辛抱《しんぼう》強く待つほかはない。外からの刺激が内からの気分と緊張に出会い、この二つが幸運に恵まれて一致すれば、対象についての思索は自然必然的に動き出す」（15頁）ものなのである。

そして結論はこうである。「もっともすぐれた頭脳の持ち主でも必ずしも常に思索できるとは限らない。したがってそのような人も普通の時間は読書にあてるのが得策である」（16頁）。やはり読書は無駄な行為では決してない。読書と思索のバランスを上手に取ることによって、知的な人生が始まるのである。

悪書は遠慮なく捨て去れ

著者は難解な本の書き手に痛烈な批判を浴びせる。難しい本は書いた人が悪い、と喝破《かっぱ》するのだ。

まず著作家には二つのタイプがあると言う。第1のタイプは、経験を積み、語るべき思想を持つ人々である。第2のタイプは、金銭を必要とし、金銭のために書く人々だ。後者は「曖昧《あいまい》な思想や歪曲《わいきょく》された不自然な思想（中略）を次々と丹念にくりひろげて行く。（中略）したがってその文章には明確さ、非の打ちようのない明瞭さが欠けている」（25頁）。

こうした著者は、「つまらないことをわずかしか考えていないのに、はるかに深遠なことをはるかに多量に思索したかのように見せようとして懸命である」（58頁）。また、彼らは説明をごまかし分量を増やすために、「不自然、難解な言いまわしや新造語を（中略）堂々めぐりを重ねたあげく」乱発する（58頁）。揚げ句の果てに、「読者はほとんど死の拷問をうけるようなことになる」（59頁）のである。

著者一流の皮肉だが、私はひざをたたく思いがした。私自身が科学の啓発書を執筆しながら、同じことを痛感していたからである。科学は論理の積み重ねからなるが、一般の人々へ伝えるには、何よりも自分自身がよく考え抜いていなければ書き記せない。

実は、世の科学書の大部分は、科学者の私にも難しくて読み通すことができない。その原因は、著者が内容を十分に理解していないからである。たとえ理解していても、素人に伝えられるレベルまで十分に咀嚼《そしゃく》していない。

ひどい場合には、専門用語の羅列と三段論法の多用によって読者を煙に巻く。本当はたいへんな根気が必要なのだが、地道で丁寧《ていねい》な解説を放棄しているのである。こうした「悪書」のせいで科学嫌いが蔓延《まんえん》したのではないだろうか、と私は怒りを覚えることがある。

一方、考え抜いて書かれた本は、文系理系を問わずとても読みやすい。優れた著者は意味不明なことを長々書いたりはしない。「飾り気のない簡潔な表現法、きれいにわりきった明確無比な表現法を駆使する」(65頁) からだ。本書がまさにそのお手本である。

私は本書に出合ったおかげで著者がいっぺんに好きになり、哲学書を読み始めるようになった。ショウペンハウエルは、私にとってアウトリーチの師匠となったのである。ちょうど私が本書から哲学にのめり込んだように、私の書いた入門書をきっかけに科学のファンが増えることが、以後の大きな目標となった。

難しい本に出合ったとき、自分の学力や読解力が不足しているからだと思った方はいないだろうか。それはまったく違う。本当は、難しい本を書いた著者が悪いのである。

3行で要約！
・読書とは、他人にものを考えてもらうこと
・読書と思索の上手なバランスにより、人生の達人になる
・難しくて理解できない本は、それを書いた著者が悪い

出典・ブックガイド

出典は『読書について　他二篇』（アルトゥール・ショウペンハウエル著、斎藤忍随訳、岩波文庫／640円）。別訳として『読書について』（赤坂桃子訳、PHP研究所／品切れ重版未定）、『読書について』（鈴木芳子訳、光文社古典新訳文庫／743円）がある。ショウペンハウエルのおすすめ著作として『知性について　他四篇』（細谷貞雄訳、岩波文庫／660円）、『幸福について――人生論』（橋本文夫訳、新潮文庫／590円）がある。

あとがき

私の読書案内の歴史はけっこう古い。京都大学で教鞭を執《と》るようになってすぐ、授業の中で学生たちに本を紹介しはじめた。私は教養科目として地球科学の入門講義を担当しているのだが、講義の中で毎回、若者たちにぜひ読んで欲しい書籍を何冊かすすめはじめたのである。

授業のテーマである火山噴火の映像を学生へ見せている間に、私は薄暗い教室の黒板に書名をせっせと板書した。絢爛《けんらん》豪華なマグマのほとばしりを映す画面の隅で、チョークでコンコンと字を書く私の背中を見ていた学生も多いはずだ。本の多くは哲学、思想、文学、歴史などの古典であり、また私が読んでこれぞと思った現代の良書である。

地球科学の講義なのに、なぜこうした本まで紹介したのか？　地震や噴火から命を守る技術を伝えるのと同じくらい、優れた書物を後の世代へ伝えることが重要である、と私は考えていた。噴火のスペクタクルに見とれながらも、学生たちが本のタイトルを熱心に書きとめていたことを、私は今でも鮮やかに覚えている。

やがて私は、高校生向けの月刊誌（螢雪時代）やビジネス誌（プレジデント）の書評欄を担当するようになった。その流れから、ダーウィンやアインシュタインなどの天才科学者が書いた名著を解説する『世界がわかる理系の名著』（文春新書）も刊行した。むかし読んだ古典を繙《ひもと》きながら、私はいつか哲学や歴史も含む古典全般の知の遺産を紹介したいと考えていた。私自身がその古典とどう出合い、何を感じとり、どのように使って人生を歩いてきたかを語りたいと思ったのである。その機会は思いもかけず早く私のところにやってきた。

日本経済を支える人たちが読む「週刊東洋経済」という檜舞台《ひのき》で、「一生モノの古典」と題する連載をいただいた。毎週1冊ずつ、1年間で計50冊を取り上げたのだが、どれもが時間を捻出しじっくりと味わっていただくに相応《ふさわ》しい書物である。

私は今回はじめて1年間という長期の連載原稿を本にまとめてみたのだが、連載1回分の原稿作成と単行本の制作が異なることを、さまざまな局面で学ぶこととなった。すなわち、1冊の読み物として面白く通読できるように、構成や文章表現を変えなければならなかったのである。このために多大な時間をかけて、連載済みの原稿に大幅に加筆・修正することとなった。

こうして「あとがき」を書く段階に至り、それでもまだ推敲《すいこう》し加筆したい思いが溢れてくる。しかし、それは私の一人よがりの感覚かもしれない。大変ありがたいことに連載中から書籍化を待ちわびる声を多くいただいたのだが、その方々のために今は離しがたい思いを抑えて世に送り出そうと思う。

古典は人生に慰めを与えてくれ、また勇気を与えてくれる。この50冊の中から読者の皆さんにとって生涯の伴侶《はんりょ》となる「座右の古典」が現れることを、祈っている。皆さんとともに古典の楽しみを分かち合うことができれば、著者としてこれにつきる喜びはない。

最後に、週刊誌連載という貴重な機会をいただき本書の誕生に力を貸してくださった福田淳さん、鈴木雅幸さんをはじめ、書籍化に当たり多くの力添えをくださった中村実さん、日沖桜皮さん、一見益男さん、赤井良隆さん、池田忠夫さん、熊倉徳志さんに厚くお礼申し上げます。

二〇一〇年一〇月　　古典のみやこ、京都にて

鎌田浩毅

自著解説　――ラクに読みこなすための読書術

　本書の単行本版を上梓《じょうし》したあと、私は京大でこれを教科書に使った教養科目の講義を始めた。というのは、最近の学生は本を読まなくなったので、何とか「敷居を低く」して古典に触れてもらおうと思ったからである。すると学生たちから、私が紹介した古典を「どうしたらラクに読みこなせるか？」という質問がたくさん寄せられた。

　そして時期を同じくして、市民向けの講演会の参加者からも、同様の質問を多数いただいた。確かに、読むのが辛かったら長続きはしない。これは大切な課題なので、自著解説でじっくりと答えたい。

解説やあとがきから読む

　ラクに読みこなすためのお薦めの方法に「解説やあとがきから読め」という古典の読解法がある。本文に取り組む前に、先に巻末の解説を読んで「教えて」もらうのだ。

というのは、解説やあとがきにはその本に収められている思想のエッセンスが丁寧《ていねい》に説明されているからだ。

加えて、著者の生い立ちと思想形成の歴史もくわしく書いてある。ここで、生い立ちを読むだけでもキーとなる概念が見えてくる。よって、最初から古典の本文に挑戦するのではなく、まず巻末にある解説から読み始めていただきたい。著者の人となりを**「呼び水」**として理解してみると、名著の世界は驚くほど身近になる。

たとえば、ドイツの哲学者カントの著作を読むときは、カントの「ライフスタイル」を先に知っておく。具体的な経歴と普段の生活を知り、また彼が生きていた時代について知っておくと、著作の読解にもとても役に立つ。そもそも哲学といっても、所詮は人の生き方についてあれこれ考えた結果である。人生からまったくかけ離れたことを考えているわけではないのだ。

もう少し進んで、当時の思想的な流れやその時代を支配していた学派の考え方についても解説から知識が得られるだろう。名著を残した著者たちは、たいてい時流に抗して斬新な「反対意見」を提示してきた人たちばかりである。よって、こういう準備をしておけば、難解と言われる古典も近づきやすくなる。

「著者の関心」に関心を持つ

さて、解説やあとがきを活用しても、名著にはなぜか自分には理解しづらい文章が含まれている。書いてある内容には興味があるのに、なかなか頭に入ってこないのだ。こういう場合には、どうすればよいだろうか？

ここで「人間関係」のコツを活用する。それは**「相手の関心に関心を持つ」**という方法論である。まず相手の書き方に関心を持ち、そのあとで内容へ迫る。実は、どんな名著の著者も、何らかの関心や意図があって文章を書いている。この関心や意図に対して、読者の側から注意を向けてみるのだ。言わば、相手の置かれた立場や状況に関心を抱き、考えの中身へ迫る方法論である。

たとえば哲学ジャンルのテーマの本ならば、最初は哲学者の人生や生き方から関心を持ち始めて、彼の思想内容に迫る。哲学者も我々と同じ人間であり、何らかの関心があって外へ意思表示しているので、彼の関心にこちらの関心を寄せるのだ。ここではその手法を「関心法」と呼んでみよう。

実際「関心法」は、自分と異なる考え方をもつ人を理解する際に最も威力を発揮する。こうした「関心」の根底にある考えの構造と枠組みのことを、心理学では「フレームワーク」と呼ぶ（第5章アドラー『人生の意味の心理学』を参照）。フレームワークは良い人間関係を作るときに、もっとも重要な概念である。

近隣にいるややこしい人を理解する際に有効なだけでなく、知的で抽象的な内容を理解するときにも役立つのだ。どんな著者でも固有のフレームワークを持っている。よって、書いた人のフレームワークを推測しながら、ゆっくりと全体の内容に迫るのである（くわしくは拙著『京大理系教授の伝える技術』ＰＨＰ新書を参照していただきたい）。

そして、何事もそうだが、最後は「慣れ」が重要である。裁判の判決文でも家電の取扱説明書でも同じだが、すべての文章には「型」というものがある。こうした固有のしきたりに慣れることが、なじみのない文章を理解する際のコツとなる。

難しい用語を身近な内容に〝貼り替える〟

次は「ラベル解読法」という古典読解法を紹介しよう。一見、むずかしく感じられる場合でも、実はむずかしいのは言葉（表現）だけである。著者の使っている用語が、ふだん自分たちが使う言葉と合っていないので難解に思うだけなのだ。

もし、易しい言葉に代えてもらったら、内容は実に簡単なことであることが多い。哲学書であれ科学書であれ、それぞれの世界には固有の言葉が存在する。言わば、その世界で独自に用いられた言葉の「ラベル」がある。使っている言葉が分かりにくいときには、著者特有の言葉の使い方に頭をシフトさせて理解するのである。

たとえば、カントの著作『純粋理性批判』に「認識論的転回」という言葉を使った議論がある。普通の人にはこれが何のことかをイメージするのが、とてもむずかしい。しかし、ここで「人は思い込みで世界を認識する」と言い換えてみたら、日常でもやっていること、とすぐに分かる。「認識論的転回」という哲学者の「ラベル」を、身近な内容に貼り替えてみるのだ。

つまり、自分の頭のなかにある「自動翻訳機」にスイッチを入れるだけで、ムツカシイと敬遠していた書物も意外と読破しやすくなる。題して「ラベル解読法」。著者の貼ったラベルの後ろにある価値観を解凍する、と言っても良いだろう。

ラベルを貼り替える際には、古典の中からキーワードを見つけるとよい。どの章にも繰り返し用いられる言葉があるが、先の例では「認識論的転回」がそれに当たる。

ちなみに本書では、ラベル解読のために必要なキーワードを用意しておいた。

さて、キーワードが分かった後で、気をつけなければならないことがある。キーワードの字面《じづら》から思い起こされる意味と、文章中に使われている意味とが、しばしば異なる場合があるからだ。

得てして読者がイメージする内容と、著者がイメージしたものは違っている。こうした場合には、キーワードに対する読者の判断を、一時的に停止しなければならない。こうしたテクニックを使いながら「ラベル解読法」で古典の原典にも挑戦していただきたい。

読書に対する先入観を捨てる

読書そのものに対して苦手意識を持っている人は少なくない。あるとき教えている京大生の一人が「本を読むのは苦行」と訴えてきた。私はたいへん驚いたが、考えてみれば学生の多くは学校で「読書の仕方」を一度も学んだことがない。したがって、教授が指定した分厚い専門書を読むのが苦手でも、まったく不思議はないのだ。

こうした学生たちに、私はこう指南した。読書を苦行にしているのは、本人の「実力不足」だからではない。難しい論理は苦手だから、専門用語を知らないから、といったことではないのだ。

実は、**読書を妨げる最大の障壁は「心のバリア（敷居）」**である。本が読めないという若者たちの相談から浮かび上がってきたのは、読書に対する苦手意識を持つ人たちが抱えるバリアの高さだった。つまり、余計な思い込みが制限をかけて、本来は楽なはずの読書を妨げている。時には自分の「見栄《みえ》」が障害を生んでいることもある。

バリアを生む要素の一つに「本は読み始めたら最後まで読まなければならない」という固定観念がある。しかし、私は学生たちに、**「この本はおもしろくない」「価値観や意見が合わない」と思ったらあっさり読むのをやめてかまわない**、と断言した。読書とは、自分にとって何らかの「意味」があればよいので、その意味は人と違っても一向にかまわない。つまり、本を読むのはそれくらい気楽でよいはずなのだ。そもそも、書いてあること全部を吸収することは無理な話で、そうした不可能な思い込みが読書を遠ざけているのである。

よって、たとえ「いい加減」でも自分らしい読書ができれば良い、と私は諭《さと》した。「いい加減は、良い加減」と唱えながら本を読むことを薦めた。題して「不完全法」の読書術（第2章で紹介した『ミケランジェロの生涯』も思い起こしていただきたい）。

さらに「**難しいと思った本の九割は、著者の書き方が悪いと思えばよい**」と学生たちに言い切った。読書は我慢大会ではない。世のなかには、根くらべのために書かれたとしか思えないような分かりにくい本がある。そんな馬鹿げた本は、さっさと放り出すべきなのだ。

確かに世の中には、一般の人には分からないような文章を書いたり、それを妙にありがたがって読んだりするような、ある種のエリート意識が厳然としてある。これに対して私は「難しい本は書いた人が悪い」と喝破してきたが（第8章ショウペンハウエル『読書について』を参照）、自分に合った分かりやすい著者に出会うまで、本はどんどん取り替えてよいのである。

先ほど触れたように、読書は人づきあいとよく似ている。書物との「よいコミュニケーション」をとれるかどうかが一番大切なのだ。そこで読書術にコミュニケーション理論を応用してみよう。

人間関係を良くするコツに「2：7：1の法則」というものがある（拙著『成功術 時間の戦略』文春新書を参照）。たとえば、自分と付きあいのある一〇人を考えてみよう。そのうち二人は何を話しても許され、ケンカをしても直に仲直りできる人間関係にある。言わば自分と趣味や考えが非常に近い人であり「親友」と言ってもよい。

次の七人は、失礼なことを言っては人間関係が崩れるが、礼節をわきまえて丁寧《ていねい》に付きあえば何の問題もない。一緒に仕事をする相手で、ビジネスの現場で一番多い人間関係である。

さて最後の一人は、こちらがどんなに対応してもうまくいかない人である。相手によかれと思って行動しても、いつも裏目に出て相手から文句を言われる。何をやっても誤解され、うまくいかない。

これは相手にとっても同じで、何とも付きあいにくい人間だと相手も思っている。言わば「天敵」のような人間関係である。こうして周囲の人を分類してみると、そのいずれかに入る。そのあとで人間関係の対策を練るのである。

親友みたいな二割の人とは、何もしなくても既によい関係を持続できるので、そのままでよい。会えばいつでも楽しいから、人間関係は放っておけばよい。

そして、人づきあいのエネルギーは、残りの七割の人に費やす。まず相手のことを考えて、互いにうまくいくような言葉遣いやスケジュールを考える。きちんと接することができれば、相手もそのように接してくれる。

こうした「2：7：1の法則」を、読書にも応用するのである。世のなかで二割の書物にめぐりあえれば、それだけで人生の幸福への切符を手に入れたとも言えよう。こうした二割の書籍は一生の伴侶《はんりょ》になるだろう。

人生を豊かにしてくれるだけでなく、元気なときも落ち込んだときも常に友となる貴重な本たちなのである。たとえば、『第二次大戦回顧録』を書いたチャーチルがギボン『ローマ帝国衰亡史』（いずれも第7章）を熟読していたことを、思い起こしていただきたい。

さて、次の七割は丁寧に読み込むと、それなりの良き果実を与えてくれるような本である。そして、ここでは上手に読むための「技術」がいる。つまり、人間関係でも技術があるのとないのとでは雲泥の差が生じるように、読書術が必要なのである。

この七割の本に対しては、前もって「方法論」を身につけてから読みはじめるとよい。これについては、書店のビジネス書コーナーにたくさん用意されているので、ぜひ自分に合った読書法の本を買ってきて身につけて欲しい。

さて、最後の一割の本は、どうやってもご縁のない本である。人間関係と同様、そうした本は存在するものなのだ。人でも書物でも、無駄にエネルギーを使わないことが肝要である。

どんなに世評が高くとも、尊敬する先生から薦められようとも、自分に合わない本を読むのは苦痛以外の何ものでもない。よって、ここでは「敬して遠ざける」を実行しよう。その存在を認めつつも、避ければよいだけのことで、余計な気を揉《も》む必要はない。

ところが、古典に触れようと思った読者の多くは、最後の一割があることを大変気にする。「世紀の大古典なのに、自分には読めない」と真剣に悩むのだが、本当は一割があるほうが当たり前なのだ。

たとえば、第6章で紹介した『自省録』の著者マルクス・アウレリウスは、『荘子』と『生きがいについて』（いずれも第1章）は愛読書だったかもしれないが、『君主論』と『韓非子』（いずれも第7章）はおそらく遠ざけただろう。

いま、尊敬する先輩が「これはぜひ読んでほしい」と言って、本を渡してくれた場合を考えてみよう。しかし、残念なことに、あまり趣味の合わない種類の本で、一向に読む気になれないことがある。こうしたときこそ先の「2：7：1の法則」を思い出し、その先輩へ対応してみよう。

七割に当たる本ならば、自分にとって興味が持てるページをいくつか見つけて、その話をしながら本を返す。一方、どこにも興味の持てない一割に当たる本であれば、具体的な中身には一切触れずに「世の中にはこういう話もあるのですね」と言いながら丁重に返す。

ここで先輩の気を悪くせず、実は苦手な一割に当たる本だったことをうまく伝えられたら、次は七割に当たる本を貸してくれるだろう。そして、この中にいつしか親友となる二割の本が紛れていることを発見する。これこそ自分が探し求めていた本の出合い以外の何ものでもなく、人生上の僥倖《ぎょうこう》の一つなのだ。

私が学生時代に指導教官から渡されたデカルト『方法序説』（第4章を参照）は、まさに二割の本だった。京大へ赴任してから二〇年以上、私は恩師の飯山敏道教授と同じように教室で若者たちへ薦めている。

古典は、座右でよい

古典を読んでいて、分からない箇所にぶつかったときの対処法がある。理解できないことは、一旦「ブラックボックス」にしまっておく、という方法だ。読書の「棚上げ法」と言ってもよい。分からないままにしておいて、とりあえず通じるところだけで読み進めるのである。

つまり、一切の無理をせず、分かるところだけ飛ばし読みする、というのがこのポイントだ。理解できた部分だけで、先に全体の話の筋を追うのである。そして、全体が見えてきたら、もう一度ブラックボックスの中身をちょっと見る。それでもまだ分からなかったら、さらに無理はしない。というのは、現在の自分には必要ない内容かもしれないからだ。

先に読み進めるというのは、古典の全体像をつかむ上で効果がある。そうこうしているうち、ブラックボックスの中身に対しても類推がきくようになる。すなわち、「全体」が見えると「部分」が分かる。また、「部分」が分かると「全体」の姿がよく理解できるようになる。このような繰り返しによって、次第にブラックボックスが減ってくる。

　ここで大事なことは、いま理解できないことには拘泥《こうでい》しない、という点だ。大局を摑《つか》んでみたら疑問点がひとりでに解決した、ということがままある。この棚上げ法を用いながら、読書にまつわる「完璧主義」を取り去って欲しいのである。

　おもしろくなかったら読書は途中でやめてもよい。だから飛ばし読みもオーケーで、無理して読み切る必要はないのである。すなわち「本は読破しても偉くない」。なお、飛ばし読み等の具体的な技法については、拙著『理科系の読書術』（中公新書）を参考にしていただきたい。

　逆に言うと、時間がたったら分かるようになる本も、世の中にはけっこうある。本書で紹介した古典も、今の自分に関係なかったら無理して読む必要はないのだ。一方、御縁がなかった本でも、時間がたてば役にたつことがある。自分で再発見し、だからあの頃は読めなかったのだ、と膝《ひざ》を打つことがある。その時のため、本棚に「ツンドク」のも悪くはない。

　最後に、「古典は座右でよい」というメッセージを伝えたい。目の前に置く本は仕事関連の本だったり、いま必要な料理レシピ本だったりする。それらはまっすぐ正面に据えて読み込まなければならないものだ。

一方、古典はすぐに必要な本ではない。いずれ役立つ本という位置づけにあるが、いつ役に立つのか誰にも分からない。これが「教養」の本来の姿なのである。置く位置も正面から横へ（座右へ）少しずらしたら良いのではないか、と私は考える。

しかも、古典は本書に挙げた五〇冊だけで十分だと考えよう。もちろん、世の中にはもっとたくさんの優れた古典が存在し、完璧主義の人は「あれも読んでいない、これも知らない」と不安になる。

しかし、本書の五〇冊を知っておくだけでも世間を十分に賢く渡っていけるだろう。よって、他の本は読まなくてよいから、この五〇冊のエッセンスはしっかりと身につけていただきたいと願う。

そして、本書の「3行で要約！」だけで古典を語っても、一向に構わないのである（ちなみに、この箇所は単行本版の「Kamata's Eye」から大幅に内容を変えた）。本書から一つでも学んだら、「マイ・クラシック」として堂々と話してみたらよい。

というのは、人に語ることによって古典が自分の中で生き生きと光を放ってくるからである。たとえ三分前に知った知識でも、一〇年前から知っていたような顔をして友人に広めても良いのだ。

ここには、読んだ内容を身につける有効なテクニックが潜《ひそ》んでいる。人に話してみると自分の理解が深まるからだ。しゃべってみると自分が得た内容を客観的に眺めることができる。

さらに、聞いている人から反応を得ることも可能で、教えることは即ち学ぶこととなる。ちなみに、私は学生たちに「教養を身につけるコツは、背伸びすることだ」といつも説いている。今日知ったことは、その日のうちにそのまま語ってみよう。

古典は賢者が残した叡智《えいち》の集積と言っても過言ではない。私自身、直面した問題に対して古典を読むことで、解決の糸口を見つけた経験は数限りない。混沌として先の見えにくい時代を生き抜くためにも、「心のバリア」をグッと低くして、賢人の言葉をじっくりと味わっていただきたい。

最後になりましたが、文庫版の作成にあたりさまざまなご助力を賜りました筑摩書房の伊藤笑子さんと伊藤大五郎さんに心より感謝を申し上げます。

二〇一八年八月　本に囲まれた京都大学の研究室にて

鎌田浩毅

索　引

(注) ★は人名、☆は書名を指す。ゴチック体の頁数は取り上げた50冊とその著者を示す。

本書は二〇一〇年十一月に東洋経済新報社より刊行された『座右の古典　賢者の言葉に人生が変わる』の副題を改題し、大幅に加筆・再構成したものです。

ハーメルンの笛吹き男　阿部謹也
「笛吹き男」伝説の裏に隠された謎はなにか？　十三世紀ヨーロッパの小さな村で起きた事件を手がかりに中世における「差別」を解明。（石牟礼道子）

世界史の誕生　岡田英弘
世界史はモンゴル帝国と共に始まった。東洋史と西洋史の垣根を超えた世界史を可能にした、中央ユーラシアの草原の民の活動。

日本史の誕生　岡田英弘
「倭国」から「日本国」へ。そこには中国大陸の大きな政治のうねりがあった。日本国の成立過程を東洋史の視点から捉え直す刺激的論考。

独学のすすめ　加藤秀俊
教育の混迷と意欲の喪失には出口が見えないが、IT技術は「独学」の可能性を広げている。「やる気」という視点から教育の原点に迫る。（竹内洋）

齋藤孝の速読塾　齋藤孝
二割読書法、キーワード探し、呼吸法から本の選び方まで著者が実践する「脳が活性化し理解力が高まる」夢の読書法を大公開！（水道橋博士）

仕事に生かす地頭力　細谷功
仕事とは何なのか？　本当に考えるとはどういうことか？　ストーリー仕立てで地頭力の本質を学び、問題解決能力が自然に育つ本。（海老原嗣生）

世間を渡る読書術　パオロ・マッツァリーノ
謎のイタリア人パオロ氏が、ご近所一家の様々な疑問に答えて、テーマに沿ったおすすめ本を紹介。鮮やかなツッコミが冴える知的エンタメ読書ガイド！

齋藤孝の企画塾　齋藤孝
「企画」は現実を動かし、実現してこそ意義がある。成功の秘訣は何だったかを学び、「企画力」の鍛え方を初級編・上級編に分けて解説する。（岩崎夏海）

自分の仕事をつくる　西村佳哲
仕事をすることは会社に勤めること、ではない。仕事を「自分の仕事」にできた人たちに学ぶ、働き方のデザインの仕方とは。（稲本喜則）

君たちの生きる社会　伊東光晴
なぜ金持や貧乏人がいるのか。エネルギーや食糧問題をどう考えるか。複雑になった社会の仕組みや動きをもう一度捉えなおす必要がありそうだ。

ちくま文庫

座《ざ》右《ゆう》の古《こ》典《てん》——今《いま》すぐ使《つか》える50冊《さつ》

二〇一八年九月十日　第一刷発行

著　者　鎌田浩毅（かまた・ひろき）

発行者　喜入冬子

発行所　株式会社　筑摩書房
東京都台東区蔵前二―五―三　〒一一一―八七五五
電話番号　〇三―五六八七―二六〇一（代表）

装幀者　安野光雅
印刷所　中央精版印刷株式会社
製本所　中央精版印刷株式会社

ISBN978-4-480-43540-8 C0195